KB177252

갯벌과 더불어 사는 아이들

에코 산책
생태 교육

안만홍 지음

맘에드림

저자의글

2002년에 처음으로 생태 교육 지도사(교사) 양성 과정을 개설하고 교육을 시작했던 기억이 난다. 그동안 수많은 생태 교육 강의에 참여한 참가자들이 주마등처럼 스쳐 간다. 아기를 업고 다니면서 열심히 참여했던 분, 송충이를 보고는 기겁을 하며 놀라던 분, 갯벌 교육 시간에 갯벌이 피부에 닿는 것을 두려워해 비옷을 입고 장화에 장갑까지 온몸을 무장하고 갯벌 현장 교육을 받던 분 등…. 15년간의 생태 교육 지도사 교육을 통해 만났던 수많은 참가자들 모두가 내가 지금껏 이 길을 걸어올 수 있게 한 원동력이자 내 인생의 고귀한 선물이었다.

최근 몇 년간 유아 교사들을 대상으로 생태 교육 연수를 진행하며 몇 가지 깊이 고민해야 할 일이 생겼다. 주로 실내에서 프로그램을 진행하는 교사들로서는 야외에서 생태 교육 프로그램을 진행하는 것이 수월하지 않을 수 있다. 그러나 지식 전달 위주로 생태 교육을 지도하는 것은 하루속히 지양해야 할 지도 방식이다. 마치 생물학 교육 시간처럼 생물 이름 하나 더 알려 주는 것을 교육이라고 착각하는 교사들이 의외로 많다. 아이들은 야외에 나가면 무엇보다 놀고 싶어 한다. 만지고, 먹어 보고, 냄새도 맡아 보고, 귀로 들으며 오감으로 주변 환경을 느끼고 싶어 한다. 이러한 아이들의 욕구를 읽고, 지식 위주 학습이 되지 않도록 자연과 마주하고 흥미롭게 체험을 이끌어 가는 것이 필요한 것이다.

직접 교사 연수를 지도하면서 교사들이 생태 교육을 왜 해야 하는지, 생태 교육의 가치와 지도 방법에 대한 고민이 부족하다는 것을 알게 되었다. 이러한 문제를 극복하기 위해서는 교사 연수도 좋지만, 책으로 보급하는 것이 보다 효율적이라고 생각하게 되었다. 그러나 강의한 내용을 글로 다시 쓰는 일이 쉽지 않았다. 현장에서 하는 강의를 글로 담아 내는 작업을 하는 데 시간이 많이 걸렸다. 무엇보다 들쑥날쑥한 글을 주제별로 모아서 정리하는 일도 짬이 날 때마다 하게 돼 2년이라는 시간이 걸렸다.

다행히도 교육 관련 서적을 주로 출판하며 실력을 인정받아 온 맘에드림 출판사가 나서 줘서 책으로 나올 채비를 갖추게 되었다. 특히 맘에드림 신윤철 편집 주간께 감사의 인사를 드린다.

이 책에서는 생태 교육을 지도하기 위해 필요한 지도자의 자세와 지켜야 할 지도 방향과 원칙, 생태 교육 프로그램의 유형, 실제 현장에서 지도하기 위한 지도 방법 등을 담고 있다. 처음 생태 교육을 접하는 지도사들이 생태 교육을 쉽게 지도할 수 있도록 구성해 보았다.

많은 지식을 갖춘 사람이 좋은 교사가 아니라 아이들의 눈높이에서 아이들과 교감을 잘하는 교사가 좋은 교사라고 생각한다. 따라서 이 책은 스마트폰에서도 검색창 한 번 두드리면 온갖 지식과 정보를 얻을 수 있는 시대에 맞게 지식전달 위주가 아닌, 15년간의 생태 교육 노하우를 전수하는 마음으로 쓰려고 노력했다. 교육이란 용어가 들어간 도서들이 대부분 '○○ 교육 지도론',

'○○ 교육의 이론과 실제' 등 다소 전문 서적의 이미지를 풍기는 것과는 내용적으로도 다르게 접근했다. 내용이 도움이 되고 안 되고는 전적으로 읽는 사람들의 판단임을 부인하지 않는다. 다만 이 책이 생태 교사와 생태 교육 지도사들이 공부를 하는데 작은 도움이라도 되길 바랄 뿐이다.

자연과 함께하는 지금, 바로 여기여서 행복한

안 만 홍 씀

추천의 글

　이 책은 아이들과 청소년, 심지어 성인들과 생태 관련 교육자들에게 매우 유용한 생태 교육 서적입니다. 자연 생태를 바라보는 관점과 창의성을 동시에 길러 주는 소중한 자료입니다. 내 아이를 잘 키우고 다양한 경험을 시켜 주고 싶은 것은 모든 부모의 소망입니다. 그렇다면 자연 생태를 위한 교육은 어떻게 해야 할까요? 한 마디로 말하면, 자연과 더불어 살아갈 수 있는 밑바탕을 어려서부터 길러 주어야 합니다. 자연과 어울리며 다양한 경험을 할 수 있도록 기회를 주는 것이 바로 무한한 창조력을 키울 수 있는 가장 좋은 환경입니다. 바로 이런 생활 속에서 생태 교육이 이루어져야 합니다.

　그런데 이러한 생태 교육 환경은 하루아침에 만들어지지 않습니다. 어려서부터 아름다운 마음의 밭을 일구어야 합니다. 그래서 일찍부터 씨앗을 뿌리고 싹을 틔우게 해야 합니다. 여기에는 여러 가지 방법이 있겠지만 그중에 한 가지 중요한 방법이 바로 자연 속으로 아이들을 안내하여 자연 생태를 직접 몸으로 체험할 수 있게 많은 기회를 주는 것입니다.

어린이를 위해 교육자가 의도적으로 생태 교육에 대한 교재를 쓴다는 것은 정말 어려운 일입니다. 자연 속으로 안내하여 체험시켜 줌으로써 아이들의 심성을 아름답게 가꾸고 자연을 바라보는 관점을 바꿔 주려는 의도는 정말 높이 살 만합니다.

이 글을 보면서 어린이집 그리고 유치원생들이나 초등학생들에게 적용해 보면 참 좋겠다는 생각을 하게 되었습니다. 그리고 중·고등학생, 심지어 현장에서 활동하는 자연 생태 관련 지도사 및 교사들이 볼 수 있도록 한다면 더없이 좋은 자료가 될 수 있겠다는 생각을 했습니다.

어느 날 만난 이 책의 저자이신 안만홍 교수님은 나를 강하게 이끌며 아름답고 매력적인 인상을 심어 주었습니다. 뒤돌아보면 벌써 15년이 되어 갑니다. 아름다운 사람에게서는 사람다운 향기가 납니다. 어찌 그 아름다움이 자연과 그렇게 닮아 있을까. 그래서 그에게서 나는 사람다운 향기를 맡고 사람들이 그에게로 모이는 모양입니다. 누구나 목을 곧추세운 채 자기 잘난 맛에 사는 시대에, 그와 비슷한 또는 다른 삶을 살아가는 많은 사람이 그런 아름다운 향기를 맡기 위해 모이는 것인지도 모를 일입니다.

안 교수님은 잠시도 가만히 있지를 못하는 성미입니다. 동서남북, 일을 만들어서라도 해야 하는 사람입니다. 우리들에게 우리가 사는 삶의 목적이 어디 있는가를 몸소 가르쳐 주며 살아가는 사람입니다. 그래서 대학에서 환경 관련 강의를 하며 그 바쁜 생활 속에서도 틈틈이 연구하여 이처럼 '에코 산책 생태 교육'이라는 책까지 발간하게 되었다니 존경심이 절로 우러납니다.

자연을 대하는 태도 또한 그는 예전부터 범상치 않았습니다. 그가 이번에 그동안 준비해 왔고 교육해 왔던 내용을 묶어 한 권의 책으로 출간한다는 것은 당연한 것이며, 어찌 보면 늦은 감마저 들 정도입니다. 책에 실린 내용들은 지난 세월 동안 그가 살아온 흔적들이 대부분을 차지하고 있습니다. 그래서 이 책을 읽으면 어느새 그의 지나 온 생활의 일부를 한눈에 꿰뚫어볼 수 있을 것입니다. 지금도 나는 그의 현장감을 여전히 신뢰하고, 그것은 아마 앞으로도 쉽사리 변하지 않을 것입니다. 그의 인격적인 아름다움과 자연을 대하는 겸손함, 그리고 현장 경험이 밑바탕에 깔려 있는 부지런함과 실제적인 묘사…. 이 책을 통해 자연과 생태에 대한 교육을 하고 있는 우리는 또 다른 방법으로 그가 다시 우리 곁으로 다가오기를 기대하고 있습니다. 이 교재를 통해서 우리 아이들과 청소년, 그리고 생태 관련 교육자들이 정말 아름답게 성장하고 자연을 바라보는 눈과 태도가 한층 성숙했으면 하는 마음입니다.

국립순천대학교 산림자원학과

조 계 중 교수

차례

1장 생태 교육이 왜 필요할까요?

2장 생태 교육의 원칙

5장 생태 교육 프로그램의 효과적인 기획

6장 생태 교육을 위한 적절한 장소는?

에코 산책
생태 교육

1장

생태 교육이 왜 필요할까요?

1. 심각한 위기에 처한 지구 생태계, 해법 찾기

인류는 지속적으로 편리하고 풍성한 생활을 추구해 왔고, 그 결과 에너지와 자원을 대량으로 소비하는 생활양식이 보편화되었다. 고도의 소비생활과 활발한 생산 활동은 수질오염과 쓰레기 문제, 자동차 공해, 자연환경 파괴라는 도시 생활형 공해뿐 아니라, 지구상의 많은 귀중한 자원이나 에너지를 소비함으로써 인류의 생존 기반인 환경에 엄청난 부하를 걸며 다양한 환경문제를 야기하기에 이르렀다.

그러므로 우리 모두 위기 상황에 처한 환경문제를 긴급히 해결하지 않으면 안 된다는 인식을 새로이 하고, 인류 공동의 재산인 지구환경을 보전해 후손들에게 양호한 환경과 자원을 물려주어야 한다는 책임을 자각하여야 할 시점이 바로 지금인 것이다.

후손들이 살아가야 할 시대의 자원을 고갈시키고 환경문제를 일으킨 원인 제공자도 우리고, 그것을 해결할 수 있는 것도 우리다. 그리고 이러한 문제를 해결하고자 앞장서서 이끌어가는 사람들이 반드시 필요하다. '자연과 더불어 사는 인간 만들기'가 지구 살리기의 핵심적인 과제일 수밖에 없는 이유이다.

2. 풍요로운 감성과 인성을 지닌 '자연 친화형 인간 만들기'를 위한 가장 효과적인 방법

자연 자원을 직접 체험하며 감성을 자극해 환경보전에 대한 인식을 키우는 체험 중심의 생태 교육을 활성화하는 것이 매우 중요한 시대적 과제가 되었다.

그동안 우리나라 생태 교육은 환경교육의 일부 영역으로 머물러 왔다. 그러나 최근 생태 교육의 중요성이 널리 알려지면서 생태 교육에 대한 기초 연구와 프로그램 개발이 본격적으로 추진되고 있으며, 그에 따라 일선 학교를 비롯해 지역사회에서 이에 대한 관심과 실천이 증가하는 추세다.

최근 정부뿐 아니라 지방자치단체의 공모 사업, 시도 교육청 및 민간 환경 단체와 교사들이 다양한 생태 교육 프로그램과 자료들을 개발하는 등 관심이 증대하고 있다. 그런데 학교와 시민·사회단체, 지방자치단체에서 수많은 생태 교육이 진행되고 있으나, 진행 과정에서 교사 또는 지도자의 개인적 선호도와 역량에 따라 교육적 효과가 판가름되는 등 비체계적인 결과가 나타나는 문제점을 안고 있는 것이 현실이다.

생태 교육이란 실제 자연환경을 체험함으로써 자연 상태의 모습과 변화를 보고 느끼며, 지키고 가꾸는 활동을 통해 환경보전을 실천하고 환경에 대한 자기화와 미적 감수성 향상을 이룰 수 있는 통합적 접근 방식을 의미한다. 현장 체험은 주변의 자연환경 및 시설물들을 학습의 장으로 활용하는 것으로, 참여자의 호기심과 참여도를 증진시킬 수 있다. 교실에서의 수업은 주로 언어적인 정보를 통해 이루어지고 지적 활동을 중심으로 전개되므로 모든 아이들에게 학습 의욕을 불러일으키는 게 어려울 수 있다. 그러나 현장에서 자연과 직접 대면하면 오감을 자극해 학습 능력이 부족한 아이라 할지라도 해낼 수 있을 것 같은 자신감을 가지게 한다.

3. 생태 환경에 따른 아이들의 정서적 차이 발생

집 주변에 자연환경이 어느 정도 있는가를 등급으로 구분한 뒤 아이들의 행동과 심리 상태를 검사한 결과, 도심 지역에서 사는 아이들의 경우 행동장애, 불안, 우울증의 정도가 더 심한 것으로 나타났다는 연구 결과가 있다. 특히 자연과 가까이 사는 아이들보다 집중력과 인지능력 역시 현저히 낮았다고 한다.

스웨덴의 한 연구팀은 탁아소 두 곳의 아이들을 비교했는데, 한 곳은 고층 건물로 둘러싸인 조용한 공간이며, 다른 한 곳은 과수원에 자리 잡고 있어서 자연과 가까이 지낼 수 있는 곳이었다. 연구 결과 과수원에 위치한 탁아소의 아이들이 운동 능력과 협동심이 더욱 뛰어날 뿐 아니라 집중력도 높게 나타났다고 한다.

'주의력결핍 과잉행동장애(ADHD)' 아동을 대상으로 포장도로나 실내에서 놀고 난 후의 집중력 변화와 자연에서 활동한 후의 집중력 변화를 비교한 결과, 자연에 있었을 때 집중력이 더 크게 향상되었다는 결과도 있다. 이 자료에 의하면, 실험군에 속한 ADHD 아동이 자연에서 멀어지는 경우 ADHD 증상이 더욱 악화되었다고 보고하고 있다. 자연에서 하는 생태 교육이 아동의 정서적 치유 효과도 있다는 것을 증명하는 셈이다.

4. 생태 교육은 인성 교육

자연을 알면 생명에 대한 소중함을 깨닫는다. 아름다운 것을 보면 누구나 소유하고 싶은 마음이 생긴다. 꽃을 보면 꺾고 싶은 마음도 그중 하나다. 이렇게 소유하고 싶고 자기 마음대로 하고 싶은 마음이 생태 교육을 통해 달라진다. 사랑하는 마음이 생기면 소유하고 싶은 마음이 자라는 것이 아니라 온전하게 지켜 주고 싶은 마음이 커지는 것이다.

생태 교육을 통해 생태적 감수성이 자라면 배려하는 마음이 커진다. 배려하는 마음은 곧 우리가 추구하는 인성이다. 생태 교육이 매우 유효한 인성 교육이라고 하는 이유가 바로 이것이다.

나무를 위한다는 생각으로 가을에 비료를 주는 사람들이 있다. 그러나 가지가 웃자라면 나무는 결국 겨울이 오면 얼어 죽는다. 겨울맞이가 안 된 가지는 얼어 죽을 수밖에 없는 것이다. 나무를 사랑한다고 한 행위가 엉뚱한 결과를 초래한 것이다.

5. 사랑하는 마음보다 더 중요한 것은 사랑하는 방법을 아는 것

사랑하는 방법의 기본은 바로 배려다. 생태 교육은 자연물을 배려하는 마음을 올바로 키울 수 있도록 도와주는 교육이다. 사랑하는 방법을 알면 사람과 사람 사이, 자연과 사람 사이에 갈등이 생기지 않는다. 아이들이 생태 교육을 통해 갈등이 일어나지 않고 서로 공존하고 상생하는 방법을 알아차리면서 좋은 품성으로 자라면 좋은 어른이 된다. 좋은 어른이 많아지면 사회도 좋아진다.

6. 현장 생태 교육은 실내 교육보다 7배 더 효과적

생태 교육은 자연을 사람과 분리하여 대상으로만 접하던 근대적인 자연과학적 관점에서 탈피해 사람과 생태계는 분리될 수 없다는 유기적인 관점에서 사람과 자연과의 조화를 도모한다. 새로운 문화와 경제적인 미래를 함께 전망할 수 있는 총체적인 교육을 지향한다. 이를 통해 자연환경을 건강하고 건전하게 가꾸면서, 건강하고 바람직한 미래를 실현할 수 있는 '더불어 사는 참사람'을 키우는 데 목적을 둔다. 체험 중심의 생태 교육은 자연환경을 직접적으로 체험함으로써 생태 환경에 대한 이해와 더불어 스스로 깨닫고 이해하고 실천할 수 있도록 지원하는 교육이다. 그 교육적인 효과 또한 실내에서의 교육과 비교해 무려 7배 이상 된다는 주장도 있다. 이러한 연구 결과는 곧 현장 생태 교육의 필요성을 웅변해 준다고 볼 수 있다.

에코 산책
생태 교육

생태 교육의 원칙

1. 생명을 존중하는 체험이어야

생태 교육에서 가장 주의할 점: 자연(생물)의 도구화

자연의 도구화란 생물을 비롯한 자연물을 생명체로서 존중하지 않고 마치 장난감처럼 대상물로 대하는 것을 의미한다. 소위 생태 교육을 한다는 사람들 중에서도 아주 많은 이가 무심코 지나치는 부분이므로 각별히 마음에 담아 둘 필요가 있다. 실제 현장에서 흔히 볼 수 있는 잘못된 사례를 살펴보겠다.

우리 주변에서 가장 많이 보이는 곤충이 개미이다. 개미 관찰 프로그램을 진행하면서 교사들이 범하는 오류가 있다. 개미를 관찰하기 위해 먹이를 주는데, 우리가 흔히 먹는 과자나 초콜릿, 혹은 캐러멜 등을 개미가 다니는 길에 놓아 두고는 먹이를 나르는 개미의 모습을 관찰한다. 그러나 우리가 먹는 과자 종류가 야생동물들한테도 좋은 먹잇감이 되는지 생각해 볼 필요가 있다. 야생 상태에서의 동물(곤충을 포함한)에게 사람이 먹는 먹이는 좋은 에너지원이 되지 않는다. 과자, 빵, 캐러멜 등 가공된 식품은 사람들에게도 그렇게 좋은 먹을거리가 아니다. 가공식품에는 첨가되는 화학물질이 많다. 가공 과정에서 유통기간을 늘리고 맛을 좋게 하거나 먹기 좋게 보이기 위한 색소 등, 첨가되는 물질이 많다. 아주 작은 동물들에게는 이런 화학물질이 해가 될 수 있다는 것을 알아야 한다. 생명을 존중하는 마음을 기르기 위해서 하는 생태 교육이 다른 생물에게 위해가 되게 해서는 안 되는 것이다.

　바닷가 선착장에서 출항하는 배를 따라 날아가는 갈매기들이 있다. 일명 '새우깡 갈매기'라고 부르는데, 사람들이 새우깡을 던져 주면 그것을 받아먹기 위해 쫓아오는 모습을 흔히 볼 수 있다. 사람들은 갈매기들이 재롱을 피우는 것 같다며 '갈매기 쇼'라고 부르며 재미있어 한다.

　하지만 몸집이 조그마한 야생동물에게 기름으로 튀긴 스낵 같은 식품이 유익한 먹이일까 돌아볼 필요가 있다. 기름에 첨가되는 화학물질이 무엇인지도 알아볼 필요가 있다. 공기 중에 오래 두어도 눅눅해지지 않도록 산화방지제 같은 첨가물을 넣었는지도 살펴보고, 색소나 다른 기타 첨가물의 성분도 알아보며 먹는 것도 좋은 먹을거리 선택의 습관일 것이다. 과자를 많이 먹으면 몸에 좋다고 말하는 사람이 있을까? 사람이 먹어서 좋지 않은 것은 다른 동물들에게도 좋지 않다. 새들의 경우 소화기관이 짧고 소변과 대변을 보는 기관이 하나로 연결되어 있어 날아다니면서도 배설을 하는데, 새우깡 갈매기들이 건강한 상태를 유지할지 장담할 수 없다.

갈매기들을 좋아하는 마음이 있다면 베푸는 먹이가 새우깡이 아닌 물고기여야 하지 않을까.

리처드 바크의 소설 《갈매기의 꿈》에 나오는, 주인공 갈매기 조나단 리빙스턴은 새우깡을 먹지 않았을 것이다. '높이 나는 새가 멀리 본다.'는 책 속의 문장이 아직도 필자의 머리에 새겨져 있다. 자연과의 공존, 공생을 위해 멀리 보며 함께 잘 살아가는 방법을 택해야 하지 않을까 생각한다. 어떤 이는 그것 역시 갈매기들과 사람들이 공존하는 하나의 풍속이라고 말한다. 하지만 무엇이 바람직한 공존 관계인지 한 번 생각해 볼 일이다.

개미들에게도 그들이 즐겨 먹는 먹이를 준다면 모를까, 사람이 먹는 간식거리를 줌으로써 생태적 균형을 교란하지 않도록 주의하는 것이 좋다. 생태 교육은 생태적 질서를 존중하고 사람 외 다른 생물들이 살아가는 규칙과 질서를 간섭하지 않는 선에서 그들과의 관계를 형성하는 것이다. 아이들에게 보여 주고 싶다거나 사람의 편리함을 위해 다른 생물을 이용하는 것 자체가 생태 교육의 근본을 흔드는 행위다. 생태 교육은 과학 실험이 아니다. 아

[그림1] 갈매기들이 새우깡을 먹지 않았으면 좋겠다. 새우깡에 길들여진 갈매기들은 사람만 오면 가까이 날아온다. 사람들이 던져 주는 과자에 길들여진 곡예 갈매기들에게 소설 《갈매기의 꿈》을 들려주고 싶다.

이들에게 개미 그대로의 모습을 보여 주고, 현실에서 보기 어려운 부분은 자료를 이용해 보여 주면서 이해하게 해 주는 것이 현명한 방법일 것이다.

나무를 주제로 한 생태 교육 프로그램에서 저지르는 오류

나무를 주제로 하는 프로그램의 목적은 나무가 생명체로서 살아 있음을 깨닫게 하는 것이다. 나무도 물을 마시고, 숨을 쉬고, 아기(씨앗)도 만들고, 늙으면 죽는 등, 우리 사람처럼 살아가고 있다는 것, 다만 움직이지 못할 뿐이라는 것을 아이들에게 알려 주기 위함이다. 따라서 나무를 주제로 생태 교육 프로그램을 짜는 교사의 역할이 매우 중요하다. 교사가 먼저 나무에 대한 정감과 고마움을 말뿐 아니라 표정이나 행동으로 보여 줄 필요가 있다. 단순한 놀이가 아니기 때문에 나무를 대하는 교사의 표정이나 행동에 따라 나무를 대하는 아이들의 자세가 달라진다. 교사가 놀라운 표정으로 나무에 대해 경외감을 표현한다면 아이들도 나무에 대한 경외감을 갖게 된다. 이렇게 교사의 자세에 따라 아이들의 생태적 자극의 깊이와 감수성의 성장 폭이 달라진다. 실제 현장에서 있었던 예를 들어 보겠다.

나무가 살아 있다는 것을 아이들 스스로 깨닫게 하기 위해 '나무도 물을 먹어요'라는 청진기를 이용한 프로그램이 있다.

교사의 지도대로 아이들이 청진기를 나무에 대고 소리를 듣는다. 이때 흔히 저지르는 오류가 있다. 교사가 아이들에게 청진기를 나누어 주며 무슨 소리가 들리는지 들어 보라고 지시한다. 이 프로그램의 목적은 나무에서 무슨 소리가 들리는지 구분하는 것이 아니다. 청진기라는 도구를 이용해서 나무가 살아 있다는 사실을 아이들이 깨닫게 하는 것이 목적이다. 그렇다면 교사는 이렇게 지도해야 한다. 교사가 먼저 청진기를 나무에게 갖다 대고는 "아, 나무는 이렇게 물을 먹는구나. 나무 물 먹는 소리는 음… 비밀.", "너희들이 듣고 선생님에게 말해 줄래?"라는 식으로 나무가 우리처럼 물을 마신다는 것을, 우리와 똑같이 숨을 쉬고 살아 있음을 깨닫도록 유도하면 된다. 이때 시범을 보이는 교사의 표

[그림2] '나무가 물을 먹어요' 프로그램을 아이들에게 지도하기 전 교사가 먼저 사전 연수를 통해 실습을 하고 있다. 교사의 생태적 감수성에 비례해 아이들의 감수성도 자라난다.

정을 아이들은 주목한다. 교사가 시범을 보이지 않고 아이들에게 맡겨서 소리의 형태만 알아 오게 하는 것은 이 프로그램의 올바른 지도 방법이 아니다. 교사가 시범을 보이면 모든 아이는 나무가 물을 먹는 소리를 듣는다. 교사의 시범 없이 아이들 스스로 나무에 청진기를 대고 무슨 소리가 들리는지 알아 오게 하면 소리가 안 들린다는 아이도 있을 테고, 그렇게 되면 소리가 들리는지 안 들리는지 가리는 것이 프로그램의 중심이 된다. 프로그램의 목적에서 벗어나게 되는 것이다. 왜 이런 프로그램을 하는지 정확하게 이해하지 못하면 이런 오류를 저지르기 쉽다. 따라서 교사는 교사 연수 과정과 학습을 통해 자신이 진행하는 생태 교육

[그림3] 청진기를 나무에 대고 진지하게 소리를 들어 본다. 청진기를 이용하는 이유는 나무
가 내는 소리에 대한 믿음을 주기 위함이다. 청진기를 사용해 나무가 살아 있음을 알
게 하는 것이 목적이다. 교사들은 프로그램의 목적을 충분하게 인지하고 운용해야 한
다. 교사에게 생태 교육 연수가 필요한 이유이다.

프로그램의 목표가 무엇인지 명확하게 이해할 필요가 있다. 목적
의식성뿐 아니라 생태적 마인드와 감수성을 기르도록 평소에 훈
련하는 것이 필요하다.

2. 오감을 활용한 직접 체험, 선체험 후해설의 원칙

아이들은 보통 들은 것의 10%, 읽은 것의 30%, 본 것의 50%, 체험한 것의 90%를 기억한다고 한다. 생태 교육은 오감을 활용한 체험 위주 교육이다. 따라서 생태 교육을 통해 얻어진 감성과 지성은 오랫동안 기억되어 아이들의 인격 형성을 좌우한다. 생태 교육이 지향하는 목적인 '더불어 사는 참사람 만들기'의 실현을 위해서는 오감을 활용해 자연과의 교감의 폭을 넓히고 공존 공생의 원리를 깨닫게 하는 체험 교육이 필요하다.

선체험 후해설의 원칙

먼저 체험하게 하고, 체험 후에 해설하는 방식으로 지도하는 것이 중요하다. 생태 교육은 오감으로 느끼는 체험활동이다. 미리 활자화된 자료나 사진과 동영상을 통해 생태 현장에서 살아가는 자연물에 대해 자세하게 보고 듣게 되면 막상 생태 현장에서 자연물을 대할 때 호기심이 줄어든다. 살아 있는 자연물을 직접 보거나 만져 보는 등 오감을 이용한 체험을 한 후 교사의 설명을 듣는 것이 훨씬 교육적 효과가 높다. 무엇을 교육하든 재미가 있어야 집중력도 좋아지고 상상력도 향상된다. 현장에서 체험을 통해 깨닫게 되는 자연에 대한 자극이 사전 지식으로 전달되어 생생한 현장 체험의 기회가 반감되지 않도록 적절한 안배가 필요하다.

아이들 스스로 체험하고, 그것을 감각적으로 표현하게 해야 한다. 아이들 스스로 준비도 하고 학습도 하면서 모든 감각을 이용해 인지하도록 하는 것이다. 교사가 대상에 대해 자세하게 알려 주고 나중에 관찰하거나 체험하는 방식으로 진행하면 아이들의 호기심이 줄어든다. 아이들 스스로 활동을 하게 안내하고는, 아이들이 체험한 사실에 대해 이야기로 풀어 가는 것이 효과적인 생태 교육 지도 방식이다. 예를 들어 보자.

민들레를 주제로 생태 교육을 진행하려고 기획한 경우, 아이들이 민들레를 관찰하기도 전에 미리 사진으로 민들레를 보여 주고 관련 지식과 정보를 선행 학습처럼 지도하면 현장에 가서 민들레를 보게 되더라도 사전에 보고 들었던 지식의 범위 안에서만 민들레를 바라보게 된다. 민들레에 대해 아이들 스스로 관찰하고 생각해 보며 상상할 수 있는 기회를 빼앗는 결과를 낳게 되기도 한다. 난생처음 민들레를 본 아이들은 다양한 상상력을 발휘할 수 있다. 생태 교육은 과학적 분석과 생물학적 사실에 근거한 관찰학습이 아니다. 마치 동화를 엮듯이 상황을 만들어 갈 수도 있고 스토리텔링으로 상상의 세계를 연출할 수 있어야 한다. 그러려면 아이들이 민들레에 대해 상상의 날개를 펼칠 수 있도록 도와주는 것이 필요하다. 민들레와 연관된 동화나 설화 등을 읽어 주는 정도로 아이들의 호기심과 기대감을 높여 주고 현장에 나가는 것이 좋다.

생태 교육 후 결과(학습 효과)를 확인하지 않는다

보통 아이가 체험 학습을 다녀오면 엄마가 묻는다. "오늘 뭐 했어? 재밌었어?" 사실 이 정도의 질문은 양호한 편이다. 오늘 가서 새롭게 알게 된 것이 무엇인지 묻는 경우도 있다. 생태 교육 활동을 한 경우 무엇을 봤는지 학습 내용을 구체적으로 확인하려고 한다. 모든 교육 활동을 마치면 학습 효과가 얼마나 되는지 확인해야 직성이 풀리는 학부모 유형이다. 생태 교육에서 가장 경계해야 할 유형이다. 교사도 마찬가지다. 교사가 교육 활동이 끝난 후 복습하는 식으로 하나씩 짚어 가며 피드백(feed-back)하는 방식은 일반 지식 위주의 학습에나 효과적이다. 생태 교육은 이론과 지식을 주입하는 것이 아니라 생태 현장에서 자극을 주는 체험 중심의 교육 활동이다. 생물의 이름과 특징을 습득하려고 진행하는 생물학 시간이 아니다. 생태 교육의 궁극적인 목표는 아이들의 생태적 감수성을 키우고, 더하여 '더불어 사는 세상을 위한 인간 만들기'다. 질문을 하려면 이렇게 하는 것이 바람직할 것이다. "오늘 재밌었던 이야기 하나쯤 해 줄래? 엄마도 같이 재미를 느껴 보게."라든가 "엄마도 어릴 때 자연에서 놀았는데 네가 재밌던 이야기해 줄래? 엄마도 엄마가 겪은 이야기를 해 줄게. 어때?"라는 식으로 아이와 상호 관계가 형성될 수 있도록 하면서 소통하는 것이 좋다.

비교하는 프로그램은 지양한다

관찰형 프로그램을 진행할 때나 나만의 보물찾기 프로그램을 진행하며 가장 마음에 드는 식물을 그려 오라고 지도하는 교사가 있다. 생태 교육 활동 영역에 미술 활동에 속하는 프로그램이 있긴 하지만 현장에서 정물화처럼 생물의 모습을 있는 그대로 그리도록 요구하는 지도 방식은 적절하지 않다. 정물화를 그리는 것은 사물을 실제 모습과 닮게 그리는 방법이다. 실제 사물과 가장 많이 닮은 그림이 잘 그린 그림으로 판단된다. 이런 사실은 아이들도 안다. 아이들 중에 미술에 천부적인 재능이 있거나 미술 학원을 다니는 아이들이 잘 그리는 아이로 분류될 수 있다. 모두 함께 생태 교육 활동을 하는데 유독 그림을 잘 그리는 아이가 두드러지는 경우 아이들의 공동체적 유대감이 흔들린다. 잘하는 아이와 못하는 아이가 구분되어지는 것이다. 생태 교육은 우열을 가리는 교육이 아니다. 참가자 모두의 체험이 소중하고 아이들 각자의 경험과 감동이 다르면서도 자연과 나와의 관계 형성이란 공통 감성으로 통합되어지는 교육이다. 정물화처럼 그리기를 통해 잘하고 못하고가 구별되어지는 교육 활동이 아닌 것이다. 따라서 이렇게 못하는 아이와 잘하는 아이가 확연히 구별되어지는 교육 방식은 사용하지 말아야 한다.

아이들의 느낌은 모두가 정답이다

칭찬은 아이들의 자존감을 크게 향상시켜 준다. 앞서 지적한 바대로 생태 교육은 우열을 구분하거나 비교하는 방식을 지양한다. 생태 교육은 오감 체험을 중시한다. 오감을 통한 각자의 체험이 소중하다. 어떤 생물을 접할 때의 느낌도 가지각색일 것이다. 갑자기 나타난 청솔모를 보고 귀여워하는 아이가 있는 반면 소스라치게 놀라는 아이도 있다. 이런 경우 청솔모는 귀여운 동물일까? 무서운 동물일까? 아이들 각자가 느끼는 감정에 따라 다르다. 칠면초의 잎을 먹어 본 아이들 중에 어떤 아이는 짜다고 느끼고 어떤 아이는 짭짜름하게 맛있다고 느낀다. 어느 느낌이 정답일까? 그렇다. 두 아이 모두 정답을 말했다. 오감을 통한 느낌의 차이는 각자 다르지만 자연을 체험하는 목적은 같다. 자연과 내가 가까운 관계이고 자연이 우리와 함께해야 할 소중한 자산이라는 사실을 오감으로 정겹게 혹은 경이롭게 느끼는 것이 바로 생태 교육의 목적이다. 따라서 생태 교육은 참가자 모두가 느끼는 바로 그것이 정답이다. 정답에 대한 보상은 진정성이 담긴 칭찬이어야 한다.

"우리 ○○이가 말한 것처럼 정말 그렇게 보이는구나."

"여러분, 우리 ○○이에게 박수 한 번 보내 주자."

교사가 아이를 무대의 주인공으로 만들어 주는 순간, 아이에게 생태 교육 현장은 너무나 즐겁고 기분 좋은 활동 공간이 된다. 이렇게 자존감이 높아지면 다른 영역의 활동에서도 적극적으로 참여하는 아이가 된다.

'칭찬은 고래도 춤추게 한다.'라는 말이 있듯이 아이들의 표현에 대해 교사가 하나하나 짚어 가며 칭찬해 주는 것이야말로 아무리 강조해도 지나치지 않을 만큼 중요한 지도 방법이다.

단순한 지식 전달 방식은 No!

아이들은 생물 시간이나 과학 시간에 생물에 대한 지식과 정보를 배울 수 있는 기회가 많다. 따라서 유아기에는 감성과 창의력 그리고 자연과의 교감을 통한 배려와 소통할 수 있는 인성을 형성하는 것이 중요하다. 생태적 감수성과 인성은 지식과 정보를 전달하는 방식으로는 형성되지 않는다. 지식 전달이 주를 이루면 생태 교육에 대한 호기심이 감소되고 자연을 학습 대상으로만 여기게 되는 결과를 초래할 수 있다. 자연은 머리로 외우거나 이해해야 할 대상이 아니다. 우리 사람과 동일한 생명 있는 존재로서 느낄 수 있도록, 지식을 전달할 때도 생태 현장 활동과 연계하여 적절하게 지도하는 것이 필요하다.

생태 교육 시간은 생물학 시간이 아니다

도시공원을 비롯한 수목원이나 휴양림에서 해설을 해 주는 생태 해설가들의 지도 방법은 대략 이렇다. 아이들을 데리고 다니면서 꽃도 보여 주고 나무도 보여 주며 이 풀은 이름이 무엇이고 꽃의 형태와 생김새는 이렇고 저렇다, 이 나무는 언제 꽃이 피고 열매를 맺으며 이름은 무엇이다 등 식물에 대한 지식을 위주로 설명하고, 그중에서도 특히 이름을 강조하는 경우가 많다. 이는 감수성을 중시하는 생태 교육의 본래 목표와는 부합하지 않는다. 생태 해설이나 교육의 목적은 생태적 자극을 줌으로써 감성을 키우는 것이다. 생태적 자극은 지식과 정보로 만들어지는 것이 아니다. 정보로 받아들이는 순간 감동은 사라진다. 외워야 하는, 혹은 기억하고 있어야 하는 과제처럼 단지 뇌에 저장되는 정도로 처리된다.

생태 해설이나 교육은 교사가 가지고 있는 지식, 정보, 가치를 전달하는 것이 아니고 인간-자연-역사-문화의 연결 고리 속에서 소통을 촉진하는 과정이기도 하다.

평소에는 하찮게 보였던 풀이 예쁜 꽃을 맺으며 자신의 종을 번식하고 살아가기 위해 펼치는 생존 전략을 깨닫게 유도하고, 우리 인간이 살아가는 전략과 비교해 보며 우리와 어떤 관계로 이어지고 있는지 들여다보게 해야 한다. 이들도 우리가 사는 세상에 함께 존재하고 있다는 사실을 자각하게 만드는 것이 중요하다. 유아는 작은 풀들에게도 금방 감정이 전도된다. 교사의 안내에 따라 좋은 친구로 받아들이는 것이다. 이렇게 지도하는 것이 생태 교육의 올바른 지도 방향이다.

잘못된 생태 교육의 예를 하나 더 들어 보겠다.

도심 숲에서도 흔히 볼 수 있는 나무가 생강나무다. 생강나무는 주로 오감 중 후각 체험용으로 해설할 때 많이 활용하는데, 대부분의 생태 교사들은 아이들에게 나뭇잎을 따서 코에 대고 무슨 냄새가 나는지 맡아 보라고 한다. 생태 교사는 아이들 각자가 냄새를 맡고 나서 말한 이야기를 듣고는, 이 나무는 생강 냄새가 나서 생강나무라고 부른다고 설명한다. 그 자리에 있던 아이들 중 생강을 아는 아이도 몇 명 없거니와 설혹 이름을 들어 보았다 하더라도 직접 냄새를 맡아 본 아이는 거의 없을 것이다. 생강 자체가 생소한데 생강 냄새가 나서 생강나무라고 설명하는 것이 맞는 걸까? 오래전 선조들에 의해 생강나무라 불린 이름이 아이들이 반드시 알아야 하는 지식일까 한 번 생각해 볼 필요가 있다.

　생태 교사라면 아이들 스스로 생강나무 냄새를 맡아 보게 하고, 각자 자신의 경험에서 우러나온 이름을 대면 그 이름으로 나무 이름을 짓자고 하는 게 맞지 않을까? 아이들에게 자신이 이름을 지어 준 나무가 있다는 뿌듯함이라도 갖게 해 주는 것이 훨씬 효과적인 생태 교육 지도 방식일 것이다.

　생태 교육은 아이들을 가르치는 것이 아니라 자극을 유발하고 생태적 감수성을 불러일으키기 위한 활동이라는 것을 분명하게 인식해야 한다. 따라서 정보 그 자체를 전달해 주는 것은 생태 교육이라고 할 수 없다.

　살고 있는 나라에 따라 이름이 달라서 나무들도 어떤 게 자기 이름인지 모를 테니, 식물의 입장에서 보면 참 어처구니없는 일일 수도 있다. 식물에 대해 얼마나 많이 아는가 보다 얼마나 사랑하는지가 더 중요한 것이 아닐까 생각해 본다.

3. 교사가 감동하지 않으면 아이들도 감동하지 않는다

필자는 초등학생 시절 《플랜더스의 개》를 읽으며 눈물을 줄줄 흘렸던 기억이 아직도 잊히지 않는다. 작가의 상상력이 독자의 감성을 자극하여 눈물샘을 자극한 것이다. 작가가 슬픔을 느끼지 못하고 쓴 글에는 독자도 슬퍼하지 않는다. 자기가 직접 체험하지 않고서는 진정한 감동을 선사할 수 없다. 교사도 마찬가지다. 자기가 직접 체험을 통해 감동하고 자극받지 않은 내용을 단지 지식으로만 전달할 경우 아이들은 금방 지루해하고 자극을 받지 못한다. 자연과의 귀중한 관계 형성의 기회가 지루한 야외 활동으로 전락하고 마는 것이다. 이런 경우가 의외로 많다.

교사가 어떻게 지도하느냐에 따라 아이들의 감수성은 성장한다. 교사가 자연에 대한 경외감 없이 직업적 의무감만 가지고 생태 교육을 진행할 경우 아이들은 자연에 대해 감동하지 않는다. 교사가 생태 현장에서 교육 프로그램을 진행하면서 나타내는 행동과 말, 표정은 아이들에게 고스란히 전달된다. 교사의 감정이 아이들에게 그대로 전달되는 것이다. 생태 교육 현장에서의 활동 자체가 교사에게 재미와 감동을 주지 않는다면 아이들에게 전달 되는 자극도 적을 수밖에 없다. 실내에서의 활동과 크게 다를 바 없어 실내 활동을 야외에 옮겨 놓은 꼴밖에 되지 않는다. 살아 있 는 생태 환경에서의 즐거움과 경외감이 교사의 표정과 행동에 묻 어 있어야 한다. 내가 즐겁지 않은데 아이들에게 재미를 강요할 수는 없는 법이다. 그래서 교사는 재미와 감동을 느낄 수 있도록 스스로 훈련하고 내면화하는 습관이 필요하다.

생태 교사는 자신이 직접 경험한 것을 먼저 연출해야 한다

생태 교육은 공동 체험이며, 이러한 공동체 활동에서 교사의 역할은 중요하다. 교사가 적극적으로 참가하는 경우에만 아이들 의 흥미를 자아낼 수 있다. 교사가 경험하지 않고 자신이 충분하 게 자극받고 깨닫지 못한 생태 교육 프로그램은 대상자인 아이들 에게도 직접적 자극을 주지 못한다.

배우들은 일단 배역이 확정되면 자신의 배역에 대해 머리로만 이해하지 않는다. 직접 배역에 해당하는 사람들을 찾아다니며 그 들의 언어뿐 아니라 생활 습관까지도 면밀하게 관찰하고 연습한 다. 실제 그 사람이 될 수는 없어도 배역을 맡은 사람과 거의 비 슷하게 표현할 수 있어야 진짜 배우가 되는 것이다. 교사도 마찬가지다. 자신이 지도할 아이들에게 자극을 전달하려면 교사 스스로가 직접 체험을 통해 얻어지는 느낌을 살펴야 한다. 스스로 알아차리면서 자신의 느낌을 내면화하는 훈련이 필요하다. 아이들에게 고스란히 전달할 수 있도록, 내면화된 감성을 잃어버리지 않도록 끊임없이 되새기는 훈련이 필요하다.

보통의 성인은 자신이 아는 지식에 의존하며, 정보에 매달린다. 논리로 접근하는 것이 익숙해져서 감성적 자극이 오래 머물러 있지 못한다. 생태 현장을 떠나는 순간 다시 정글과 같은 일상생활과 맞닥치게 되기 때문이다. 따라서 생태 교사는 일반 사람과는 다른 훈련이 필요하다. 특별한 감수성을 타고 난 사람만 생태 교사가 되는 것이 아니다. 생태 감성 훈련을 통해 변화하고 성장할 수 있다.

미리 준비한 생태 교육 프로그램만을 고집해서는 안 된다

생태 현장은 그때그때 모든 것이 달라질 수 있는 살아 있는 곳이다. 따라서 생태 교사는 그날 진행할 프로그램에만 몰두해 현장에서 벌어지는 돌발 상황이나 변화에 유연하게 대응하지 못하는 경직성에서 벗어나야 한다. 예를 들어 보자.

가을 단풍을 주제로 프로그램을 진행하려고 하는데 갑자기 앞에 있는 나무 위에서 까치와 청솔모가 싸우기 시작했다. 전혀 예측하지 못한 상황으로, 아이들의 관심이 순식간에 집중되어 버렸

[그림4] 교사들은 생태 교육을 지도하기 위해 생태 교육 연수를 받는다. 사진은 공원에서 적용할 수 있는 집단놀이, 관계 형성 프로그램을 진행하는 교사들의 모습이다.

[그림5] 교사들이 도시 숲의 생태 특성에 대해 교육을 받고 있다. 필자가 참나무 종류의 특성과 차이점에 대해 강의하고 있다.

[그림6] 지구의 생태계 보전을 위한 먹이사슬 생태계 놀이를 하는 교사들. 이후 교사들은 스스로 아이들의 활동 역량에 맞게 프로그램을 기획하고 실행한다.

[그림7] 학생들이 양버즘나무(플라타너스)의 방울 열매를 관찰하고 있다. 열매 안에 꽉 찬 씨앗들을 신기해하는 모습이다.

다. 아이들은 움직이는 것에 더 많은 관심을 갖는다. 이런 상황에서 교사가 사전에 준비한 프로그램을 하려고 애써 그 상황을 무시한다면 과연 아이들의 반응은 어떨까? 생태 교사는 무엇보다 경직된 자세를 지양해야 한다. 오늘 아니면 못할 프로그램은 없다. 그 자리에서 필요한 생태 교육은 까치와 청솔모의 다툼을 관찰하는 것이다. 왜 그러는지 살피고 그 이유를 찾아보는 것도 훌륭한 생태 교육 프로그램이다. 물론 그러려면 교사가 까치와 청솔모의 습성을 이해하고 있어야 한다. 일반적으로 도시공원에서 까치와 청솔모는 최상위 포식자다. 이들의 다툼은 보통 먹이와 번식과의 연계성에서 비롯되는데 청솔모가 까치집을 공격하려고 하고 까치가 방어하는 형국이 대부분이다. 먹이가 풍부하지 못한 도시 숲에서는 가끔씩 벌어지는 현상이다. 이러한 상황을 잘 응용해, 관찰을 하면서 이해하고 우리의 삶의 모습과 비교할 수 있도록 지도한다면 오늘 준비한 프로그램은 하지 못하더라도 매우 훌륭한 생태 교육 프로그램이 되는 것이다.

　이렇게 자연에서 접하는 야생동물들의 모습과 우리가 사는 모습을 비교해 보며 어떻게 이야기를 만들어 보는 것이 좋을까?

　아이들에게 배고팠던 경험이 있는지 생각하게 해 보고 배고팠을 때의 느낌을 떠올리게 해 보는 것도 좋다. 까치와 청솔모가 먹잇감을 놓고 처절히 다툼을 벌이는 장면을 바라보며 자연에서 생물들의 생존 방식과 아이들의 생활을 대비할 수 있게 느낌 나누기를 해 본다. 동물들의 치열한 생존 방식과 우리의 생활을 비교해 보면서, 아이들 스스로 부모님이 우리를 먹여 주고 선생님이 보살펴 주는 것에 대해 고마움을 느끼게 하는 것도 좋은 지도 방식이다. 물론 교사가 앞서 정리해 주는 방식은 하지 말아야 한다. 아이들 스스로 표현하고 깨닫게 유도하는 것이 바른 지도 방식이다.

이렇듯 교사는 생태 현장의 어떤 변화에도 적절하게 대응할 수 있도록 항상 준비하는 자세가 필요하다.

생태 교육에서 교사는 자연과 아이들을 맺어 주는 매개자

교사는 생태 체험을 통해 만난 생물들과 아이들을 친구로 맺어 주는 매개자이다. 아이들이 생물에게 말을 걸고 친구처럼 여기도록 교사가 먼저 시범을 보이는 접근 방식이 필요하다. 다만 교사의 생태적 감성이 약하거나, 지도할 때 진정성이 부족하면 아이들도 감동을 받지 않고 생물들과 가까워지기가 어렵다. 교사의 지도에 따라 잠깐은 따라 하겠지만 지속적으로 생물과 가까운 관계를 맺기는 어렵다. 교사의 진정성이 왜 중요한지 보여 주는 대목이다. 교사가 생태적 감성을 기르고 끊임없이 스스로를 충전하지 않으면 프로그램의 형식적인 진행자 역할밖에 할 수 없다. 교사의 얼굴 표정과 행동, 눈빛, 분위기를 아이들은 아주 잘 파악한다. 그 느낌을 아이들이 따라 하기 때문에 교사의 감수성은 아무리 강조해도 지나치지 않을 만큼 중요하다.

교사의 지나친 간섭은 아이들의 집중도를 저감하는 요인이 된다

생태 교육 활동은 아이들이 자연 놀이터에서 놀면서 다양한 생물들이 살아가는 모습을 알아 가는 과정이다. 사람과 생물은 함께 살아가는 공동체이며, 서로에 대해 배려하는 것이 곧 자연의 순리라는 사실을 깨달아 가는 과정이다. 스스로 체험해 보며 알아차리도록 생태 교사는 방향을 잡아 주고 이끌어 가는 항해사 역할을 해야 한다. 교사가 지나치게 간섭하고 많이 해설하는 방식으로 체험활동을 진행하면 아이들의 집중도가 떨어진다. 일정한 미션을 주고 아이들 스스로 수행하도록 지도하는 것이 바람직하다.

정확하지 않은 정보는 전달하지 않도록 주의한다

생물에 대한 이름이나 정보가 정확하지 않은데도 아이들에게 그대로 전달하는 교사들이 있다. 예를 들면 백로를 보며 두루미라고 알려 주는 경우가 있다. 막연히 그럴 것 같아서 알려 준 것이지만 아이들은 교사의 정보 전달만을 믿고 기억하게 된다. 어수룩하게 알고 있는 상태라면 생물의 특징을 관찰하면서 아이들 스스로 이야기할 수 있도록 유도하는 것이 좋은 교수법이다. 색깔이 어떤지, 크기는 얼마만 한지, 부리와 눈 그리고 깃털 등 그 새만의 특징을 아이들 스스로 관찰하여 말할 수 있도록 하는 것이 좋다. 교사가 이름을 모르면 아이들에게 이름을 지어 주도록 하는 것도 좋다. 생물 도감에는 안 나오는 우리 아이들만의 이름을 붙여 주는 것도 좋은 방법이다. 나중에 아이들이 우리나라에서 부르는 그 새의 이름을 알게 되더라도 자기가 붙여 준 이름과 연동돼서 훨씬 더 친근감이 지속될 수 있을 것이다.

교사들의 정기적인 생태 교육 연수는 필수

교사들의 생태 교육 역량에 따라 아이들의 생태적 감수성과 인성 발달에 커다란 차이가 난다. 흔히들 교육의 질은 교사의 질을 넘지 못한다는 말을 한다. 현실적인 말이라고 생각한다. 밝고 감성이 풍부한 교사를 만난 아이들은 행복하다. 그 반대인 경우는 어떨까? 교사는 천직이라고 한다. 다만 태어날 때부터 모든 것을 갖추고 태어나는 사람은 많지 않으며, 노력하는 과정을 통해 대부분은 극복할 수 있다. 교사로서의 기본 품성만 갖추고 있다면 생태 교육 지식이나 관련한 기술적 노하우는 연수를 통해 얼마든지 향상된다. 생태 교육 연수는 지식 전달만이 아니라 교사 자신의 가치관을 재정립하는 과정이기도 한다. 또한 교사로서의 품성을 다듬어 가는 과정이다. 생태 교육 연수는 프로그램의 지도 기술만 전수받는 것이 아니라 인성과 감성 모두를 자가 진단하는 훈련 과정이어야 한다. 단순히 프로그램을 운용하는 기술만 전수받는 연수라면 문제가 심각하다. 생태 교육이 가치관을 배제하고 단순한 기능 전수나 남에게 보이기 위한 상업적 목적으로 전락할 수 있기 때문이다.

현시대를 생명의 위기 시대라고 한다. 지구환경은 극도로 악화되어 가고 생태계는 위험 수위에 처했다. 우리 사람도 생태계의 일부이니 우리 역시 위험하다. 현대의 물질문명과 도시화는 아이들을 경쟁의 산물로 만들고 있다. 이렇게 자란 아이들은 좋은 어른보다 좋지 않은 어른으로 자랄 확률이 더 높다. 아이들을 좋은 어른으로 키우게 할 시대적 요구가 시급해진 것이다. 좋은 아이가 좋은 어른이 된다. 좋은 어른이 사회 지도층이 되어야 지금의 위기를 극복할 수 있다. 지금의 위기는 인간이 만든 것이기 때문에 복원도 인간만이 할 수 있다.

생태 교육을 담당하는 교사의 가치관이 아이들의 인성을 좌우한다. 흉내 내는 교육으로는 아이들의 인성을 길러 주지 못한다. 교사의 가치관이 명료해야 교육에 대한 자신감도 생긴다. 교사 연수가 프로그램을 진행하기 위한 기술 전수만을 목적으로 해서는 안 되는 이유다.

4. 생태 교육은 더불어 사는 심성(인성) 교육

귀화식물이라고 미워해서는 안 된다

환삼덩굴은 우리나라 토종은 아니지만 오래전 우리나라에 온 풀이다. 아무 곳에서나 잘 자라 어디서든 볼 수 있다. 이런 식물을 귀화식물이라고 부른다. 그런데 사람들은 환삼덩굴을 싫어한다. 줄기에 가시도 있고 아무짝에도 쓸모가 없는데다 토종이 아니라는 이유에서다. 그러나 우리는 다른 한편으로 생각해 볼 필요가 있다. 귀화식물 모두가 사실은 그들이 스스로 선택해서 우리나라에 온 것이 아니다. 모두 사람들에 의해서 옮겨진 것이다. 노란 꽃에 하얀 꽃잎 모양이 달걀프라이처럼 생겨서 '달걀프라이 꽃'이라고 부르는 개망초도 그렇다. 우리 사회에는 귀화식물처럼 다른 여러 나라에서 우리나라에 이주해 온 사람이 많다. 우리가 그들을 볼 때도 귀화식물을 보듯 싫어하고 멸시한 적은 없을까 돌아본다. 다문화 이주민들은 스스로 선택해서 우리나라에 왔고, 아이도 낳고 직업도 가지면서 우리와 함께 대한민국에서 살고 있다. 그들 역시 어엿한 대한민국 국민이다. 단지 생김새가 우리와 조금 다를 뿐, 우리와 같은 사람이다. 귀화식물을 통해 다문화 이주민과 우리를 비교하고 돌아보게 한다. 함께 사는 세상을 느끼게 지도한다. 이렇게 진행하는 것이 바로 생태 교육이다.

[그림8] 줄기와 잎의 뒷면에 가시가 있는 환삼덩굴의 특성을 이용해 아이들과 자연 옷 꾸미기를 해 본다. 이 프로그램을 통해 아이들은 환삼덩굴의 특성을 알고 환삼덩굴과 친해진다. 주의할 점은 늦여름환삼덩굴처럼 많이 자란 것은 가시가 억새므로 조심해서 만지도록 한다. 어린 싹은 나물로 먹기도 한다.

생태 교육은 자연의 지혜로움을 깨닫고 성찰하게 하는 교육: '블루오션' 팥배나무의 지혜

팥배나무 이야기를 사람의 삶과 비교해 보는 것도 재밌다. 재미와 아울러 식물을 통해 현명함을 배우는 계기가 될 수 있다. 경제학 이론 중에 '블루오션'이란 용어가 있다. 경쟁을 피해 틈새시장을 공략하는 것을 말한다. 자연의 생태 현장에서도 사람들이 살아가는 세상처럼 다양한 생물이 경쟁을 하며 살아간다. 그러나 이들은 경쟁보다 자연의 순리라는 이치를 거스르지 않고 살아간

[그림9] 교사 연수 중 환삼덩굴의 특성을 설명하고 직접 교사의 옷에 붙여 보았다. 별처럼 생긴 게 환삼덩굴 잎사귀이고 밑에 붙어 있는 것이 갈퀴덩굴 잎이다. 비슷한 특성을 지닌 두 개의 잎이 사뭇 다정해 보인다. 이 정도 크기의 잎은 거칠지 않아서 아이들과 프로그램을 진행하기 수월하다.

다. 서로의 생존을 위해 자기가 정해진 자리를 지키며 살아가는 것이다. 식물이 열매를 맺는 것은 번식하기 위해서다. 종의 번식을 위해 열매를 맺고 맛있게 만들거나 화려한 색을 치장하여 동물들이 먹도록 유도한다. 팥배나무의 열매는 팥처럼 작다. 예쁘지도 않고, 크고 맛있게 보이지도 않는다. 그러면 이 나무는 어떻게 번식에 성공할 수 있을까?

가을이 지나 동물들이 풍성한 열매를 다 먹은 후쯤 이 나무의 열매는 그 가치를 보여 준다. 먹을 것이 없어진 겨울에는 팥배나

[그림10] 땅에 떨어진 팥배나무 잎과 열매, 겨울인데도 열매가 달려 있다. 빨갛게 익은 열매를 먹어 보면 시큼한 맛이 난다.

무의 열매도 귀한 식량이다. 다른 식물들의 풍성하고 맛있는 열매와 경쟁하지 않고 때를 기다렸다가 자기 열매를 제공하는 것이 팥배나무의 번식 전략이다. 말 그대로 '블루오션'이다. 때를 기다릴 줄 알고 경쟁하지 않으면서도 자신의 자리를 지켜 나가는 현명함을 우리는 팥배나무를 통해 깨닫게 된다.

팥배나무의 블루오션 전략을 아이들에게 어떻게 전달할지 생각해 보자. 블루오션이라는 경제적 의미도 좋고, 때를 기다릴 줄 아는 지혜로움으로 접근해 보는 것도 괜찮다. 자기 욕심만 챙기려는 사람, 남보다 더 많이 가지려는 사람, 내 것과 남의 것을 구분하지 못하고 모두 가지려는 욕심쟁이 등, 우리 주변을 돌아보면 팥배나무에게 배워야 할 사람들이 많다. 아이들과 팥배나무의 지혜로움을 이야기하면서 자신과 비교해 보고, 느낌을 나누어 본다.

식물의 일생을 바라보며 우리 자신을 돌아보고 자연에 대한 경외심을 갖도록 진행하는 것이 바로 생태 교육이다. 자연과 우리 사람과의 관계를 이끌어 내서 스토리를 만들고 참여한 아이들 스스로 깨닫도록 연출하는 것이 생태 교사의 역할인 것이다.

교육은 가르치는 것이 아니라 깨닫게 하는 것

독일에 있는 어느 자유 대안학교 교사들은 '교육'이라는 말을 사용하지 않는다고 한다. '교육' 대신 '동행'이라는 말을 사용한다. 교사를 아이들을 교육하는 지도자라는 개념보다 아이들과 동행하는 조력자, 동반자, 협력자라는 개념으로 사용하는 것이다. 아이들에게 'A는 B다.'라고 정의를 내려 전달하지 않고, 아이들이 스스로 주제를 정하고 탐구하며 그 과정을 거쳐 결과를 도출해 낼 때까지 기다려 주며 조언을 해 주는 역할을 한다. 아이들이 자기 자신의 내적 동기를 통해 스스로 터득하는 학습 방식을 택한 것이다.

우리나라 학교에서 진행하는 학습 구조와는 너무 달라 현실적으로 느껴지지 않는 분도 많겠지만, 이러한 학습 방식은 이제 선진국을 중심으로 넓게 퍼지고 있다. 여러 가지 실험을 통해서 이러한 학습법이 미래 세대 인재를 길러내는 데 유용하다는 결과도 나오고 있다. 지금 당장 우리가 할 수 있는 상황은 아니지만 적어도 '동행'이란 말이 내포하고 있는, 교사와 아이들의 지위와 역할에 대해서는 한 번쯤 생각해 봐야 할 것 같다. 생태 교육은 앞에서 이야기한 교육에 대한 의미가 깊게 배인 영역이다. 가르치는 행위가 아닌, 아이들 스스로 깨닫게 하는 활동이 생태 교육이다.

생태 해설의 핵심은 자연과의 관계 형성

자연의 생태에 대해 설명할 때는 자연과 사람, 나와 너와 우리, 식물과 동물 등의 상호 관계를 연계하는 것이 중요하다. 자연물(생태계 구성 요소)을 해설하고자 할 때 대상에 대한 지식과 정보를 중심으로 할 것이 아니라 대상과 나를 일체화할 수 있어야 한다. 대상에 대한 이야기를 나의 삶과 연계해 연상이 될 수 있도록 화두를 던져 주는 기법이 중요하다. 예를 들어보자.

소나무에 대해 참가자들에게 알려 주는 시간이라고 해 보자. 식물도감에서 알려 주는 소나무의 생리적 특성을 중심으로 설명하는 것은 좋은 해설이라고 할 수 없다. 소나무의 생과 우리의 생을 비교할 수 있도록 참가자들에게 기회를 제공하는 해설 기법이 필요하다. 소나무가 민중의 나무에서 왕의 나무로 신분 상승한 내용도 인간의 역사, 문화적 배경과 아울러서 해설할 수 있다. 고려

[그림11] 3대가 한 나무에서 살고 있는 소나무. 소나무는 다른 나무와 달리 2년에 한 번 열매(솔방울)를 맺는다. 암꽃이 피고 수꽃이 가루를 날릴 때쯤 작년에 수분을 한 열매가 초록빛으로 익고 재작년에 수분을 한 할아버지 솔방울은 씨앗을 다 내보내고 말라서 벌어진 채 소나무에 달려 있다. 핵가족 시대에 살고 있는 우리네 가족 풍경과 사뭇 다르다. 소나무를 보면서 가족에 대해 다시 한 번 생각해 보는 시간을 가져 보자.

시대에 느티나무는 귀족 나무로서 대우받았지만 소나무는 백성의 나무였다. 송진으로 불을 밝히고, 송화로 부침개와 다과를 만들었다. 소나무의 탁월한 살균력 때문에 부엌에는 소나무 도마가 있었다. 백성이 죽으면 소나무 관에 묻혀 생의 마지막을 소나무와 함께했다. 조선 시대로 넘어가면서 소나무는 경복궁과 같이 왕이 사는 궁궐을 짓는 재목으로 사용되기 시작했다. 궁궐 전용으로 소나무를 관리하면서 일반 백성이 소나무를 베어 쓰면 벌로 곤장을 맞

[그림12] 소나무의 암꽃과 수꽃, 분홍색 젖꼭지같이 생긴 것이 암꽃이다. 바로 밑에 갈색으로 여러 개가 빙 둘러싼 듯 보이는 것이 수꽃이다.

기도 했다. 백성의 나무에서 왕의 나무로 신분이 상승한 것이다. 이처럼 소나무를 통해 우리 역사와 문화를 들여다보고 소나무의 생을 통해 우리의 인생도 돌아보는 기회를 제공할 수 있다.

생태 해설은 마음을 수련하는 동기를 부여해 주기도 한다. 자연물과 인간(나)과의 관계 형성을 이끌어 내지 못하면 단순한 생물 가이드일 뿐이다. 진정한 생태 교사와 단순한 생태 가이드와의 차이점이 여기에 있다. 생태 교사는 역사적, 문화적, 생태적인 내용을 엮어서 스토리로 전달할 수 있어야 한다. 생물 자체의 정보만을 전달하는 것은 올바른 생태 해설이라고 할 수 없다. 도감이나 인터넷을 통해 모두 알 수 있는 지식과 정보를 전달하는 것은 안내이지, 생태 해설이라고 할 수 없는 것이다.

벚나무의 지혜로운 꾀를 보며 자연의 경이로움을 느낀다

벚나무는 특징이 많아서 특히 재밌는 나무다. 벚나무의 수피 (나무 껍질)를 만지거나 들여다보면 수피가 다른 나무들처럼 세로로 갈라지지 않고 가로로 트인 모습을 볼 수 있다. 도시공원에서도 흔히 볼 수 있는 나무라 관찰하기 수월하다. 수피뿐 아니라 나뭇잎의 모양도 독특하다. 벚나무 주변에는 개미가 많다. 유독 개미가 많은 이유를 아이들과 상상해 보며 이야기를 만들어 보게 하는 것도 생태 스토리텔링 지도 방식이다. 아이들의 상상 발표가 이어진 후 교사는 힌트의 하나로 벚나무 잎을 아이들에게 보여 준다. 벚나무 잎의 잎자루가 붙은 곳에 작게 톡 튀어나온 것을 살펴보게 한다. '꽃밖 꿀샘'이라 부르기도 하고 '밀선' 혹은 그냥 '꿀샘'이라고 부르기도 하는 꼭지인데, 꽃 안에 있는 꿀샘으로 곤충을 유인해 수분하기 위한 용도다. 그러나 벚나무 잎에 달린 꿀샘은 실제로는 꽃 안의 꿀샘처럼 꿀이 들어 있지 않다. 살짝 향기만 있어서 다른 곤충들은 찾지 않는데 개미가 여기에 유인당한다. 아이들과 잎에 달린 꼭지를 살펴보며 이 꼭지의 용도가 무엇인지 상상해 보게 한다.

벚나무를 오르내리는 개미의 행동을 힌트 삼아 각자의 상상과 느낌을 이야기하게 한다. 개미는 이 꼭지에서 풍기는 달콤한 향

[그림13] 벚나무의 수피(나무껍질)는 옆트임 모양이다. 껍질만 보아도 다른 나무와 구분이 간다.

을 꿀로 오인해 유인당한다. 개미는 부지런하다. 비록 꿀을 얻지 못하더라도 좌절하지 않고 먹이 활동을 지속한다. 이렇게 오르 내리다 보면 벚나무 잎을 갉아먹으며 사는 애벌레나 껍질에 붙어 있는 알들을 꿩 대신 닭이라도 잡듯 개미집으로 끌고 간다. 벚나 무는 가짜 꿀을 통해 개미를 유인하고는, 천적인 애벌레와 곤충 의 알들을 물리치는 놀라운 전략을 실현하는 것이다.

이런 사실을 알게 되면 우리는 벚나무가 단지 벚꽃의 아름다움 만을 우리에게 선사하는 나무로만 보이지 않는다. 아이들이 벚나 무를 바라보는 눈이 달라질 수 있다. 꾀가 아주 많은 나무라는 것 도 알게 되는 재미가 생긴다.

생태 교육은 재밌는 해설이다

숲이 태어나고 자라고 죽는다는 것도 해설을 통해 깨닫게 한다. '숲의 천이 과정'을 통해 숲도 인간처럼 살고 죽는 과정을 거친다는 것을 이해한다.

숲이 만들어지는 과정을 '숲의 천이 과정'이라고 한다. 아무것도 없던 대지에 초본(풀)이 들어서고, 이어서 토양의 영양 상태가 좋아지면 키 작은 나무들(관목)이 들어선다. 좀 더 시간이 흘러 토양의 상태가 양호해지면 큰키나무(교목)가 들어서는데, 이때 가장 먼저 들어서는 큰키나무가 소나무다. 바로 숲의 모양이 만들어지기 시작하는 시점이다. 숲의 청년기라고 할 수 있다.

숲은 참나무류와 같은 활엽수가 들어서면서 숲다운 숲으로 꾸며지며 숲의 생태계가 다양해진다. 그런데 이것이 끝이 아니다. 나무들끼리도 서로 경쟁하여 마지막에는 서어나무 같은 음지에서도 잘 자라는 나무들이 숲을 점령하고 다른 나무들은 고사하게 된다. 숲 생태계의 다양성이 줄어들면서 거대한 노거수(오래된 커다란 나무)들만 듬성듬성하게 보이게 된다. 아주 오래된 숲에 가 보면 나무와 나무 사이가 멀고 나무 아래 토양에는 다른 식물이 자라지 못하며, 노거수 외에 다양한 식생은 존재하지 않게 된다. 이때를 숲의 노령기라고 하는데, 모든 생물이 늙으면 생을 마치듯 노거수들도 생명이 다하면 고사목이 되어 말라 간다.

죽은 나무는 바짝 말라서 바람이 불면 마른 가지끼리 탁탁 부딪치게 되는데, 이 순간 썩은 나무에서 발생한 메탄가스에 의해

[그림14] 가을빛으로 물든 벚나무의 잎, 오 헨리의 〈마지막 잎새〉에 나오는 장면 같다. 자세하게 보면 '꽃밖 꿀샘' 꼭지가 잎 양쪽으로 두 개 달려 있다. 이제 이 잎은 자기의 역할을 다하고 흙으로 돌아갈 것이다.

불꽃이 붙으며 자연 산불이 일어나게 되는 것이다. 이렇게 산불로 숲이 타 버리면 다시 처음의 나대지로 돌아가게 된다.

이렇듯 숲의 형성 과정이 불교에서 말하는 윤회처럼 다시 원점으로 돌아가는 것을 '숲의 천이 과정'이라고 부른다. 마치 사람의 생을 보는 것과 같다. 우리는 숲의 천이 과정을 통해 우리 인생을 돌아보는 기회를 갖게 되는 것이다. 아이들에게 이러한 숲의 천이 과정을 생물학적 지식이나 과학적으로 전달하려고 하면 어렵게 느껴진다. 숲의 천이 과정을 사람의 삶과 연계하는 해설 기법이 필요하다. 과학적으로 접근하면 삶과의 연계성이 없어지고 단지 생물학적 지식으로만 다가오게 된다. 딱딱하게 설명하면 지루하다. 나와의 연계성이 느껴지지 않으면 아이들에게 자극도 크지 않고 흥미를 잃기 쉽다.

매번 강조하는 이야기지만 생태 교육은 공부가 아닌, 나와 자연과의 관계 형성이며, 자연과 나와의 연계성을 깨닫게 하는 자극임을 잊어서는 안 된다.

숲도 우리 사람처럼 탄생과 죽음이 있고, 생존을 위한 다툼이 있으며, 그러한 과정에서 아이들이 느끼는 감정은 무엇인지 들여다봐야 한다. 어떻게 하면 아이들에게 감성적 자극을 줄 수 있을까 고민하고 준비해야 한다. 생태 해설이란 이런 고민을 해결하기 위해 만들어지는 재밌는 이야기여야 한다.

숲의 천이 과정에서 일어나는 소나무와 참나무의 경쟁 관계를 어떻게 아이들에게 전달할까? 소나무와 참나무는 어떤 관계일까?

소나무가 나대지에 들어서며 숲의 모습이 갖추어질 때쯤 그곳을 점령하고자 하는 나무가 있다. 바로 참나무이다. 나무는 우리 사람처럼 다리가 없어 자기가 가고 싶은 곳으로 스스로 이동하지 못한다. 소나무들이 들어선 땅에 가서 살고 싶은데 그러지 못한다. 어떻게 해서든지 그곳에 가서 자리 잡고 살고 싶은데 방법이 묘연하다. 그래서 참나무는 고민하며 방법을 찾아본다. 소나무는 침엽수들의 특징이 그렇듯 피톤치드라는 아주 강한 무기가 있다. 피톤치드는 소나무 주변에 다른 식물들의 씨앗이 싹을 틔우지 못하도록 강한 향을 발산한다. 다른 식물들이 살지 못하도록 방어하는 소나무의 무기인 것이다. 참나무가 소나무가 사는 땅으로 들어가려면 씨앗이 땅속으로 들어가서 싹을 틔우고 잎을 만들어야 하지만 소나무의 무기인 피톤치드 때문에 어렵다. 자, 참나무는 어떻게 소나무가 있는 땅에 자기 씨앗들을 보내서 자라게 할 수 있을까? 나무는 다리가 없어서 움직일 수 없는데.

참나무에게 좋은 생각이 떠올랐다. 자신의 씨앗이 도토리라는 것을 생각해 낸다. 도토리를 이용하자. 도토리는 누가 먹을까? 그렇다. 바로 다람쥐다. 다람쥐가 도토리를 먹는 장면을 본 적이 있는지 아이들에게 물어 본다. 그런데 다람쥐는 가을에 도토리를 다 먹을까? 아니면 겨울에 먹기 위해 어디에다 잘 숨겨 놓을까? 교사의 질문에 아이들이 대답한다. 아마도 숨겨 놓을 것이라는 대답이 많을 것이다.

다람쥐는 도토리를 한입 가득 물고는, 소나무 밑에 땅을 파고는 잘 숨겨 놓는다. 그런데 다람쥐는 숨겨 놓은 도토리를 모두 찾을 수 있을까? 못 찾은 도토리는 어떻게 될까? 그렇다! 다람쥐가 찾지 못한 도토리는 소나무 근처 땅속에서 소나무가 내뿜는 피톤치드 무기를 피해서 겨울을 나고 봄에 싹을 틔워 올린다. 마침내 그토록 가고 싶었던 소나무 숲에 어린 참나물들이 자라게 되는 것이다. 어린 참나무는 땅 위로 올라오자마자 잎을 아주 커다랗게 만든다. 나무는 햇빛을 받아야 쑥쑥 자란다. 잎이 크면 햇빛을 더 많이 받을 수 있기 때문에 태어나자마자 잎을 커다랗게 만

[그림15] 소나무가 자라는 근처에서 자라는 떡갈나무의 모습. 태어난 지 얼마 안 된 어린 떡갈나무의 잎이 어른 잎처럼 커다랗다. 떡갈나무는 이렇게 잎을 커다랗게 만들어 광합성을 활발하게 하면서 빠르게 길이생장을 한다. 그래야 소나무보다 높이 자라서 소나무의 영역을 빼앗을 수 있기 때문이다.

드는 것이다. 어린 참나무는 이렇게 자기 몸(줄기)에 비해 커다란 잎을 만들며 소나무보다 훨씬 빨리 자라기 위해 노력한다. 이윽고 참나무는 소나무보다 몸집이 더 커져서는, 소나무가 햇빛을 받지 못하도록 가지와 잎으로 가려서 소나무를 죽게 한다. 소나무는 햇빛을 좋아한다. 이러한 특성의 나무를 '극양수(極陽樹)'라고 한다. 햇빛이 잘 비치지 않는 곳에서는 살지 못한다. 결국 소나무는 참나무에게 땅을 내주고는 다시 개척자로 돌아간다. 소나무의 생은 이렇다. 항상 척박한 땅에 개척자처럼 들어가 영양 상태가 좋도록 만들어 주는 역할을 한다. 그래야 다른 나무들이 들어올 수 있는 땅이 되는 것이다. 소나무의 생에 대해 알게 된 아이들과 함께 어떤 생각이 드는지 이야기를 나누어 본다. 소나무에게 하고 싶은 말도 건네 본다.

이제 참나무가 들어선 숲은 다른 많은 식물들과 곤충들이 와글거리는 숲으로 바뀌게 된다. 숲이 풍성함을 갖게 되는 것이다. 이를 생태학 용어로 '생물종 다양성'이라고 하면, 건강한 생태계의 척도로 삼는다. 비록 소나무는 다른 곳으로 쫓겨 갔지만 소나무가 살 때는 못 왔던 다양한 식물과 곤충 친구들이 모여 풍성한 숲을 이루게 된다. 소나무는 자신의 역할을 잘 수행하고 떠나고, 이어서 참나무가 숲을 아름답고 풍성하게 만드는 역할을 하게 된 것이다. 교사는 아이들과 소나무와 참나무 이야기를 나누어 본다.

"참나무에게 땅을 내주고 다시 척박한 땅으로 가서 살게 된 소나무에게 뭐라고 말해 주고 싶어?"

"소나무의 땅에서 살게 된 참나무에게도 한마디 해 줄까? 참나무의 씨앗인 도토리를 날라다 준 다람쥐에게도 그리고 숲을 이렇게 소중하고 아름답게 만들어 주고 있는 숲의 모든 친구들에게도 인사하자."

이때 반드시 우리에게 재미있는 숲을 만들어 준 숲 속 친구들에게 고맙다는 말도 잊지 말아야겠다. 숲이 있기 때문에 우리들은 이렇게 와서 재미있는 놀이도 하고 숲 속 친구들도 볼 수 있으

[그림16] 다람쥐들 덕분에 소나무의 피톤치드 공격에서 벗어나 싹을 틔우고 커다란 잎을 만들어 자라는 어린 참나무. 참나무가 자라면 소나무가 고사하면서 이곳은 참나무 차지가 된다.

니까 생태 교사는 아이들과 함께 인사하는 것을 잊지 말아야 한다.

"숲 속 친구들아, 고마워."

자연에 대한 긍정적인 정서감이 이루어져야 한다

아이들이 자연을 접할 때는 두렵거나 더럽다는 느낌을 받지 않도록 하는 것이 중요하다. 자연과 유대감을 형성하지 못하는 아이들은 학교에 가서도 잘 배울 수 없다. 아이들 대부분은 한 번쯤 개미를 밟아서 죽여 본 적이 있다. 이런 아이들이 생태 교육을 통해 변화하게 된다. 아이들이 모여서 죽은 개미를 함께 묻어 주고 의식을 거행하기도 한다. 이러한 활동을 통해 아이들은 생명에 대한 경외심을 기르게 된다. 창의적 사고와 예술적 감성을 더할 수 있다.

생태 교사 역량 쌓기

1. 생태 교사가 가장 먼저 갖추어야 할 것은 '경이로운 감수성'

경이로운 감수성이란 자연 속에서 자연물을 보며 감동을 얻고 그것으로 인해 마음이 평안해지고 따뜻해지는 느낌을 말한다. 자연을 경이로운 시선으로 바라볼 수 있는 눈을 가지는 것이다. 자연 속에서 나를 돌아보고 인간과 자연의 관계를 풀어 가며 공존과 공생의 원리를 깨닫는 마음이다. 이런 마음이 들도록 만들어 나가는 것이 중요하다. 지식과 정보의 많고 적음이 잣대가 되지 않는다. 자연 생태에 대한 지식을 우리 사람의 삶과 연계하여 이야기로 풀어 나갈 수 있는 정도는 되어야 한다. 그 정도 수준은 1~2년 정도 도시 숲이나 공원 몇 군데를 모니터링하며 쌓은 지식이면 충분하다.

내가 자연을 보는 눈이 아닌, 자연이 나를 보는 눈 알아차리기
- 주목받지 못하는 주목(朱木)과의 소통

주목은 나무 속의 색이 붉다고 해서 붙여진 이름이다. 도시공원이나 아파트 단지를 비롯해 관상용으로 많이 심고 가꾸는 나무다. 그만큼 우리 주변에서 흔히 볼 수 있다. 우리가 흔히 보는 주목은 키가 크지 않고 마치 관목(키 작은 나무)처럼 삼각형이나 동그란 모양을 하고 있다. 그래서 다 자랄 때까지도 그런 모습이거니 하면서 바라본다.

그러나 주목은 본래 큰키나무(교목)다. 산속에서 자라는 주목의 모습은 참으로 멋있다. 아름드리나무로 자라서 수형이 정말 멋지다. 수피의 색도 특이해서 숲에서는 그야말로 주목받는 나무다. 그러던 주목이 도시에서 관상용으로 길러지며 주목받지 못하는, 그저 그런 키 작은 나무로 살아가는 운명에 처했다. 소백산이나 덕유산 등지의 숲에서 산다고 해서 그리 행복한 것도 아니다. 아름드리나무로 자라자마자 당하는 처지는 마찬가지다. 주목으로 만든 바둑판을 최상품으로 여기는 인간들이 그토록 멋진 주목을 불법으로 벌목한다. 제대로 자랐다 싶으면 대부분 벌목당해 바둑

[그림1] 소백산에서 수백 년을 살아온 주목의 위용. 도시에서의 주목나무처럼 미용을 당하지 않은, 자기 본래의 당당함이 느껴진다.

판으로 전락하고, 밑동만이 그 자리를 지키고 있다. 그래서 태백산의 주목들 중에서 바둑판을 만들 정도로 아름드리나무가 없다.

도시로 간 주목의 신세는 더욱더 처량하다. 본래의 모습을 찾지 못하고 사람들의 가위손에 의해 모양이 제각각인 나무로 전락하고 만 것이다. 삼각형 모양, 둥근 모양, 심지어 푸들 모양도 있다. 관상용으로 길러지며 모양이 변형된 주목에서 위용과 아름다움을 느낄 수 있을까?

우리는 이 대목에서 주목의 신세와 우리 사람의 삶을 비교해 보며 스토리를 엮어 갈 수 있다. 아이들에게도 주목의 처지가 이해되도록 스토리텔링을 해 주는 것이 필요하다. 인간의 욕망이

[그림2] 원래의 자기 모습과 달리 애완견을 미용하듯이 모양을 변형시킨 주목. 큰키나무 주목이 본래의 모습을 잃었다.

만든 주목의 비운은 우리에게 의미하는 바가 크기 때문이다. 자신이 알던 집에서 강제로 쫓겨나, 적절치 못한 환경에서 본래의 모습을 찾지 못하고 살아갈 수밖에 없다면 어떨까 생각해 볼 수도 있다. 나무에게 말을 걸어 보기도 좋을 것 같다. 주목의 처지를 알게 된 아이들이 주목에게 보내는 편지 혹은 위로하는 과정을 통해 아이들은 자연과의 교감을 깊게 하고, 생태적 감수성을 풍부하게 만들 것이다. 자연을 사람과 같이 공평하게 대할 수 있는 생태 감수성이야말로 이 시대가 요구하는 리더로서의 자질이기도 하다.

참나무 7형제를 받아들이다

다름을 받아들이고 더불어 살아가는 심성, 배려하는 심성을 갖추는 것이야말로 생태 교육의 목적이다. 참나무 6형제, 아니 7형제 이야기에서 더불어 사는 공생의 의미를 짚어 본다.

참나무는 주로 도토리가 열리는 나무를 통칭하여 부르는 이름이다. 참나무의 '참' 자는 인간의 이용 가치에 따라 붙인 것으로, 사람이 먹을 수 있는 열매인 도토리를 선사하기 때문에 붙여졌다. 참나무의 입장에서 보면 그리 기분 좋은 일은 아닐 것 같다. 자신의 번식을 위한 열매를 사람들이 먹을거리로 이용하니 말이다. 요즘은 도시공원에도 참나무들이 많아서 다람쥐나 청솔모, 새들의 식량을 생산해 주는 역할을 톡톡히 한다.

참나무 형제들은 나름대로 특징을 가지고 있다. 떡을 싸서 먹는 데 이용했다고 해서 떡갈나무, 신발 깔창으로 사용했다고 해서 신갈나무, 임금님 수라상에 올랐다는 상수리나무, 너와집의 지붕으로 사용하고 와인병의 뚜껑으로도 활용되는 굴참나무, 참나무 형제들 가운데 잎의 크기가 제일 작아서 붙여진 졸참나무와 가을에 갈색으로 단풍이 든다고 해서 붙여진 갈참나무. 이들 여섯 종을 사람들은 참나무 6형제라고 했다. 필자는 근래 도심의 가로수로 많이 심는 대왕참나무를 더해 참나무 7형제로 부른다.

대왕참나무는 나뭇잎이 '임금 왕(王)' 자로 갈라진 모양이라 대왕이란 이름이 붙여졌다고도 하고 나무 자체가 40m 정도로 크게 자라서 붙여진 이름이라고도 하다. 손기정 선수가 독일의 베를린

올림픽 마라톤 경주에서 우승했을 때 월계관에 꽂혀 있던 나뭇잎이 바로 대왕참나무다.

대왕참나무는 두 종류가 있는데 하나는 핀 참나무(pin oak)이고, 다른 하나는 루브라 참나무(rubra oak)이다. 핀 참나무는 나뭇잎이 넓게 갈라지고 열매가 큰 데 비해 루브라 참나무는 잎이 깊게 갈라지고 열매가 상대적으로 작다. 북미가 원산이라 '미국참나무'라고도 불린다. 단풍이 빨갛게 들어서 가을에 아름다움을 선사하기 때문에 도시공원의 관상용이나 가로수로 많이 심는다. 대왕참나무는 바늘잎참나무라고도 하는데 영어 이름인 핀 참나무를 직역해서 붙인 이름이다. 여하튼 우리가 보통 알고 있는 참나무 6형제에 비해 모양이 좀 다르다. 미국에서 건너온 나무라 그런지 빨리 자라고 척박한 환경에서도 잘 자란다. 외래종의 특징이 그렇듯 토종과는 좀 다른데, 어찌 됐든 우리나라에서 살게 되었으니 우리나라 나무라고 봐야 하지 않을까?

다민종, 다문화 사람들의 수가 많이 늘면서 피부색과 모양이 다르더라도 우리나라 국적을 취득하면 우리나라 국민이듯이, 대왕참나무도 이젠 참나무 형제에 끼어 줘야 하지 않을까 생각한다. 다르게 생겼다는 이유로, 원산지가 다르다는 이유로 참나무 형제의 대열에서 제외시켜서는 안 될 것 같다. 대왕참나무 스스로 우리나라에 온 것이 아니고, 사람들에 의해 서식 환경이 바뀌었으니 이젠 우리 식구로 대접해야 할 것이다. 앞으로는 참나무 6형제 이야기가 아닌, 7형제 이야기로 바꾸어 들려주자.

인간의 이기심이 만든 구상나무와 섬잣나무의 비애

잣나무 중에는 키도 작고 잎도 작은 섬잣나무가 있다. 제주도와 같은 섬이 자기 집인데 사람들이 관상용으로 육지로 데려와 살게 된 나무다. 제주도같이 바람이 많이 부는 환경에서 적응하려고 키도 작고 잎도 짧게 진화해 왔는데 육지로 데려왔으니 이젠 섬잣나무가 아니라 육지잣나무로 이름을 바꿔 줘야 할 것 같다. 나무 역시 오랜 세월 대대로 살아온 서식처에서 사는 게 가장 좋은 것이다. 각각의 서식처에서 잘 살도록 배려하고 관리해 주는 것이 어떨까 싶다. 자신과 잘 맞는 곳에서 자라면서 그곳에서

[그림3] 도시공원의 환경에 적응하지 못하고 죽어 가는 구상나무. 나무에 대한 관리 미숙을 원인이라고 보는 건 단순한 접근 방법이다. 생태 교육은 자연과 교감하는 인문학적 영역이다. 인간 외 살아 있는 생명에 대한 경외감이 없이는 현재의 지구가 처한 환경 문제를 풀어 갈 수 없다.

만 볼 수 있는 특산 식물로 자라면 관광자원으로도 쓰임새가 높아진다. 그렇게 보전하고 관리하는 것이 미래를 위해서도, 사람들을 위해서도 좋은 일이 아닌가 생각해 본다.

한라산과 지리산, 덕유산에서 사는 구상나무는 모양새가 크리스마스트리로 제격이다. 서식처가 몇 군데밖에 없는 구상나무를 도시공원에서 가끔 만나볼 수 있는데, 도심 환경에 적응을 못해 많은 나무가 병이 들어 죽어 가고 있다. 동물처럼 스스로 움직일 수 없는 나무들의 입장에서 보면 자신과 맞지 않는 곳에서 살아야 하니 정말 괴로운 일이 아닐 수 없다. 나무를 보고 즐기는 것도 중요하지만 나무를 사랑하는 방법이 더 중요하지 않을까? 사랑하는 것보다 사랑하는 방법이 더 중요하다. 구상나무에 대한 인간의 사랑은 마치 일방적으로 집착하는 사랑을 닮았다. 사랑한다면 한라산, 지리산, 덕유산에서 그대로 살게 하고 가끔씩 찾아가서 보는 것이 진정한 사랑이 아닐까 싶다.

생태 교육은 생명을 존중하는 것이 기본이다. 인간을 비롯한 모든 생명체는 생명을 가진 존재로서 똑같이 존중받아야 한다는 가치관이 녹아 있어야 한다. 계속 강조하는 말이지만 자연의 도구화, 생물의 도구화를 경계해야 한다. 인간은 자연의 지배자도 아니고 절대자도 아니다. 그 누구도 그런 권한을 부여하지 않았다. 그러나 관리자로서의 의무는 있다.

자연 생태계가 질서를 유지하려면 관리자의 역할이 중요하다. 인간의 개체 수, 즉 인구의 폭발적인 증가로 인해 먹이피라미드

구조가 위협받고 있다. 관리자인 인간의 개체 수가 증폭함으로써 전체적인 생태계의 질서가 위험해진 것이다. 생태계에서 개체 수의 질서가 깨지면 지구의 미래는 없다. 지금이 그러한 공습경보기인 것은 분명하다. 이제 우리 인간은 지구 생태계의 관리자로서 의무를 다하기 위해 노력해야 한다. 생태 교육이 미래의 대안인 이유이다.

생태 교사는 자연물에 대한 관심을 높이고 자연을 바라보는 습관을 길러야 한다

자연물에 대한 관심이 생기고 식물의 이름이 궁금하게 되면 책이나 인터넷을 통해 검색하는 것만으로는 채워지지 않는 답답한 갈증이 생긴다. 이럴 때는 생태 현장에서 살아 있는 식물의 모습을 관찰하며 느껴지는, '경이로운 감수성'을 유지할 수 있도록 시간을 보내는 것이 필요하다. 궁금한 식물에 대해 현장에서 찾아보고 도감을 통해 확인해 보는 일이 즐겁게 느껴지는 순간을 경험해야 한다. 공원에서 발견한 식물을 도감에서 찾았을 때 느껴지는 뿌듯한 성취감이란!

몇 해 전 필자는 파주에 있는 어머니 집에서 하룻밤 자고 아침 일찍 일어나 아파트 뒷산을 산책하다 미국개기장과 그령이 함께 있는 모습을 발견했다. 미국개기장과 그령을 헷갈려 하는 사람들을 위해 두 식물이 함께 있는 모습을 보면 좋겠다고 생각을 하고 있던 참이었다. 생각이 통했는지 두 친구가 함께 있는 모습을 발견하니 정말 기뻤다. 쭈그리고 앉아 한참을 만져보고 살폈다. 고사성어 '결초보은'에 나오는 그령을, 이야기에 나오는 대목처럼 살짝 묶어 보고는 이내 풀어 준다. 무심코 지나치게 되는 풀이지만 자세히 살펴보면 신선한 자극이 온다. 짜릿한 쾌감은 아니지만 두 녀석을 하나하나 만져 보며 얻는 즐거움이란! 생태 현장에 있지 않고서는 느끼지 못하는 재미이다. 생태 현장은 도처에 있는데 사람이 즐기는 방법을 몰라서 재미를 느끼지 못하는 것이다.

도심의 아파트 단지에서도 가능하다. 내 마음이 어느 곳을 향하는가가 중요하다. 식물 하나하나에 눈길을 주고 이들이 속삭이는 소리와 한껏 보여 주는 모습을 진정으로 바라보면 마음이 평안해지고 새로운 감성의 에너지가 솔솔 몸 안으로 들어온다. 스트레스 호르몬이 물러가고 세로토닌 같은 행복 호르몬이 뇌를 자극하며 몸 안에 쌓인다. 이런 시간을 즐기는 것이다. 우리가 흔히 릴렉스(relax)라고 부르는, 긴장이 이완되는 상태를 일정 시간 유지하면 몸이 유연해진다. 풀과 나무를 바라보면 마음이 안정된다. 이런 기분을 유지하는 것은 어렵지 않다. 나무와 풀을 진정으로 바라보자. 스치듯이 건성으로 보지 말고, 깊게 알고 싶은 마음을 담아 진정으로 바라보면 이들이 우리에게 신선한 감수성을 선물한다.

식물에게서 생명을 느끼면 삶의 동반자가 된다. 혼자 보내는 시간을 훨씬 풍요롭게 해 줄 친구들이 우리 주변에 널려 있다. 소통이란 사람과 사람 사이에서만 이루어지는 것이 아니다. 내면의 나를 깨우고 안내하는 소통의 친구들이 도처에 있다. 비록 소리를 내지는 않지만 존재하는 것만으로 우리에게 편안함을 주며 우리를 돌아보게 하는 친구들. 그렇다. 식물을 비롯한 자연이다. 주변의 생태 현장에서 생명을 느껴 보자. 그들에게 말을 걸어 보자. 그들의 생장 과정을 천천히 상상하며 들여다보자.

나와 마주 보고 있는 생물에 대해 하나하나 알아 갈수록 소통하는 느낌을 받을 수 있을 것이다.

2. 생태 교육 지도 방법

생태 교육 활동을 진행하면서 궁금한 것 몇 가지
잎을 따서는 안 되나요?
열매나 꽃을 꺾어서는 안 되나요?
곤충과 올챙이를 실내에서 기르면 안 되나요?
자연을 체험의 도구가 아닌 동반의 개념으로 바라보는 것이 생태 교육의 기본 이념이다. 앞서 강조한 바대로 자연의 도구화를 경계하는 선에서 자연물의 채취와 사용이 가능하도록 운영하는 것이 필요하다. 예를 들어 설명해 보자.

잎이나 열매, 꽃을 따서 활용할 수 있나요?

잎은 따도 되는 위치가 있다. 맨 위 생장점에 있는 잎이 아닌, 가지 밑부분에 이미 자란 잎들을 채취하여 활용한다. 물론 생태교육 프로그램의 목적이 아닌, 아무 이유 없이 잎을 따서 버리는 것은 나무를 도구화하는 행위이기 때문에 주의해야 한다. 열매도 개체 수에 따라 다르다. 개체 수가 많은 열매는 일정 정도 채취가 가능하다. 숲에서는 개체 수가 많더라도 가급적 열매를 채취하지 않는 것이 좋다. 겨울은 야생동물들에게 혹독한 계절이다. 먹이가 풍부하지 않기 때문에 가을에 잘 익은 열매로 겨울을 나야 한다. 사람들이 열매를 가져가면 야생동물들의 먹이가 그만큼 줄어든다. 도시의 가로수나 도시공원에서 열매를 채취할 때도 주의해야 한다. 도시에도 참새, 까치 같은 텃새들과 다람쥐, 청솔모를 비롯한 야생동물들이 있다. 이들의 먹이가 되는 열매는 가급적 그대로 두는 것이 바람직하다. 사람들은 이것 말고도 먹을 것이 많지 않은가. 사람만이 아닌 동물에 대한 배려, 이러한 마음이 기본이 되어야 할 것이다.

곤충을 잡아다 기르는 행위도 사실 많은 주의가 필요하다. 어엿한 생명체인 곤충이 장난감처럼 여겨지지 않도록 각별한 지도가 필요하다. 살아 있다는 것의 소중함, 산 생명을 함부로 하지 않고 내가 죽이면 살려 낼 수 없다는 것을 깨닫게 하는 지도가 반드시 선행되어야 한다. 우리의 부모님이나 친구가 죽어서 다시는 볼 수 없다면 얼마나 슬플까 하는 상상을 통해 무심코 곤충을 죽이는 행위의 결과가 얼마나 슬픈 일인지 깨닫게 하는 지도 방식이 필요하다. 아이들 스스로 생각하고 해답을 찾도록 기다려 주며 지도하는 방식을 택해야 한다. 교육(education)이란 단어의 어원이 '가르치다'가 아닌 '깨닫게 하다'인 것을 되새겨 볼 필요가 있다. 생태 교육은 강요하는 것이 아니다. 깨닫게 하는 것이다.

간혹 성인을 대상으로 생태 해설을 하면서 참여자들에게 마치 수행자처럼 절제를 강요하는 생태 지도사가 있다. 생태 교육은 종교 행위가 아니다. 훈계 시간도 아니다. 그저 자연에 대해 깨닫도록, 일상에서의 자신의 문제와 연관 지으며 공감하도록 분위기를 조성해 주는 것이 생태 지도사의 몫이다.

마치 훈장이라도 되듯이 생태 지도사가 콕콕 집어 참여자들의 마음을 불편하게 하거나 부담을 주면 안 된다. 자연의 무대로 참여자들을 초대해 마음을 열고 자연과 교감을 하도록 도와주는 것이 생태 지도사의 역할이다. 무대 위에서 배우들이 빛나지 않으면 그 공연은 바로 막을 내리게 된다. 참여자들이 주연이 되도록 도와주는 것이 생태 지도사의 역할이다.

곤충 채집은 괜찮나요?

채집통을 사용해 한두 개체를 채집한 후 모두가 관찰하는 방법을 사용하는 것이 좋다. 다만 관찰 후에는 반드시 채집했던 현장에 다시 놓아 주어야 한다. 실내로 가져와 관찰용으로 활용하는 것은 적절치 않다. 가급적 현장에서 관찰하고, 그 생물이 살던 곳에 다시 놓아 주어 아이들이 보고 배우게 해야 한다. 생태 교육의 목적은 생명의 존중이다. 아무리 작고 미약한 생명체라 하더라도 사람과 다르지 않은 하나밖에 없는 생명을 가졌다는 것을 깨닫게 하는 것이 목적이다. 우리 사람도 그렇지만 모든 생명체는 생명이 하나이다. 이것을 우리 아이들이 깨닫게 하는 것이 생태 교육이다.

곤충을 주제로 하는 생태 교육, 이런 방식이면…

곤충을 친구로 생각할 수 있도록 곤충과 대화하기, 내가 관찰하는 곤충 이름 지어 주기, 곤충에게 말 걸기 등 곤충이 단순한 관찰용이나 장난감처럼 여겨지지 않도록 프로그램을 만들어 지도하는 것이 중요하다. 교사가 먼저 곤충에게 말을 걸거나 이름을 붙여 주면 아이들은 모두 곤충의 친구가 된다. 아이들이 질문하고 곤충의 대답을 아이들이 대신해 주는 곤충과의 인터뷰 프로그램, 곤충 역할 놀이 등은 쌍방향 스토리를 만들어 갈 수 있는 재미있는 학습법이 될 수 있다. 항상 강조하지만 자연의 도구화는 철저히 경계하고, 살아 있는 생명에 대한 경외감이 유지될 수 있도록 프로그램을 기획하고 진행하는 것을 잊지 말아야 한다.

생물 표현하기는 생태 교육 마무리 단계에서 활용하는 프로그램이다

아이들이 생태 교육을 통해 만난 생물 친구들의 특징을 잘 알고 그 느낌을 공유하면서 생물 친구들과의 관계를 깊게 만드는 프로그램이 생물 표현하기다. 이 프로그램을 생태 교육 초반부에 진행하는 것은 바람직하지 않다. 생태적 자극이 약한 상태에서 아이들은 직접 보지 않은 생물을 친구로 받아들이기가 쉽지 않다. 생태 현장에서 생물들을 관찰하는 활동을 통해 자극을 받은 다음 보다 더 깊게 관계를 형성하도록 생물 친구 표현하기 프로그램을 진행하는 것이 좋다. 이때 스토리를 만들어 표현하면 더욱 좋다. 예를 들면 방게와 갈대 간의 공생 관계를 체험했다면 아이들에게 각각 방게와 갈대 역할을 맡겨서 서로 의지하며 돕고 살아가는 모습을 표현하게 하는 것도 현장에서 피드백 프로그램으로 매우 훌륭한 진행 방식이다. 어렵지 않도록 한두 마디 대사만 주고받아도 방게와 갈대의 생태적 특징과 관계를 이해하는 데 효과적이다.

먹이사슬 관계, 천적 관계의 생물이 대상이라면 서로 잡으려 하고 도망가는 놀이도 함께 진행할 수 있다. 아이들은 아주 재밌어 하면서 생물들이 살아가는 생태를 깨닫게 된다.

　교사는 이러한 생태적 관계를 아이들의 인지발달 단계에 맞게 구성하여 스토리를 엮고 직접 몸으로 표현하거나 놀이를 통해 깨닫게 하는 프로그램을 준비해야 한다. 물론 생태 교육 활동이 진행되는 현장에서 서식하고 있는 생물을 주제로 해야 한다. 현장에 살고 있지 않고 볼 수도 없는 생물을 주제로 하지 않도록 주의한다.

적절한 사전 활동과 사후 활동의 구성 방법

　본활동인 생태 현장에서의 프로그램을 중심으로 사전 활동과 사후 활동으로 구성해야 한다. 사전 활동은 기대감과 호기심을 부추길 정도로만 진행하면 된다. 사전 활동으로 너무 많은 지식과 정보를 제공하면 실제로 본활동인 생태 현장에서 받는 자극이 줄어든다. 생태 교육 활동은 아이들에게 생태적 자극을 줌으로써 자연에 대한 신비함과 경이로움을 몸소 깨닫게 하는 데 목적이 있다. 따라서 TV나 컴퓨터, 책을 통해 접한 정보보다 직접 오감을 통해 현장에서 겪게 되는 자극이 중요하다. 살아 있는 자연에 대한 직접 체험이 아니면 생명에 대한 놀라운 경이로움을 느낄 수 없다. 누누이 말하지만 생태 교육은 지식과 정보를 전달하는 것이 목적이 아니다. 사전 활동으로 현장에서 보게 될 자연물을 자료로 보고 생물 흉내 내기 등을 하는 경우가 있는데, 이것은 가급적 지양해야 한다. 아이들이 현장에서 직접 보고 체험한 다음 사후 활동으로 진행하는 것이 좋다. 선체험 후해설이라는 지도 원칙을 다시 한 번 상기하고, 이에 따른 프로그램으로 흐름에 따라 적절하게 구성해야 한다.

아이들의 의식적, 무의식적 자각이 호기심-자극-되새김을 통해 자연적인 흐름이 되도록 고민해서 기획하고 구성해야 하는 것이다. 사전 활동으로 교구를 이용하는 경우가 많다. 교구 가운데 낚시를 통한 생물 알아보기 활동을 하는 경우가 있다. 하천이나 습지 생태계를 이해하기 위해 낚싯대를 이용해 물고기나 개구리, 습지 생물들을 가상으로 낚는 활동을 하며 생물을 알도록 진행하는 프로그램인데, 가급적 하지 않는 것이 좋다. 낚시란 인간의 채취 행위이다. 예전에는 먹고살기 위한 생존 행위였지만 지금은 대부분 취미 활동으로 한다. 매번 강조하지만 생태 교육은 생명 활동이다. 생태 교육을 위한 사전 활동이 낚시란 의미와 동일시된다면 생태 교육의 목적성이 교란된다. 목적에 맞는 교수법은 매우 중요하다. 생물의 이름을 쉽게 외우기 위한 방법일 수는 있으나 적절치 못한 교수법이다.

적절한 사전 활동과 사후 활동 프로그램 예시

프로그램의 주제가 '나무와 친구 맺기'이고, 교육목표가 '나무가 살아 있음을 깨닫게 한다'일 경우 사전 활동으로는 동화인

《아낌없이 주는 나무》를 들려 주는 정도의 활동이면 무난할 것이다. 《아낌없이 주는 나무》는 나무가 우리에게 주는 고마움이 잘 표현된 동화이다. 생태 현장에서 나무를 보고 프로그램을 시행할 경우 거부감이 덜하고 친근감이 향상될 정도의 내용이면 사전 활동으로 적절하다. 그러나 나무의 구조와 기능, 특성 등 나무의 생리적 특성과 과학적 지식을 그림이나 영상 매체를 통해 아이들에게 전달하는 경우 아이들과 나무와의 생태적 교감 형성을 방해할 수도 있다. 나무가 아이들과 같은 생명체이자 친구가 아닌, 과학적 탐구 대상이 되기 때문이다. 교사가 너무 의욕만 앞세워 아이들에게 무언가 많은 정보를 제공하고자 노력한 결과가 사실은 아이들의 생태적 감수성을 저감하고 이후 본활동에서의 생태적 호기심과 자극을 경감하는 결과가 되는 것이다. 생태 교육은 과학적 접근이 아닌 동화적 감성으로 접근한다는 기본 원칙을 모르고 저지르는 실수다.

본활동에서는 나무와 친구 맺기 프로그램을 통해 나무와 보다더 가까워지고, 나무 친구의 얼굴을 표현하는 나무껍질 탁본 작업으로 마무리 지으면 좋을 것이다.

사후 활동에서는 생태 현장에서의 나무와 친구 맺기 프로그램을 통해 사귄 나무에 대한 기억이 사라지지 않도록 다시 한 번 되새겨 주는 프로그램을 진행한다. 예를 들면 나무 친구에게 편지 쓰기나 글을 모르는 유아들은 나무 친구 이름 지어 주고 이름 불러 주기와 함께 나무 친구 탁본 그림에 예쁘게 색칠해 주기 등,

나무 친구를 생각하며 실내에서 할 수 있는 다양한 프로그램을 진행하는 것이 바람직하다. 이렇듯 사후 활동은 아이들이 생태 교육 활동에서 받은 느낌을 다시 한 번 되새겨 주는 활동으로 기획하면 효과적이다.

염생 습지에서의 생태 교육

염생 습지의 가을은 정말 아름답다. 다른 계절들 역시 나름대로의 멋과 아름다움을 갖추고 있지만 가을을 맞은 염생 습지는 색깔부터 사람들의 눈을 사로잡는다. 염생 습지란 말 그대로 소금기가 있는 축축한 땅이다. 여기에 살고 있는 대표적인 식물이 갈대다. 경기도 시흥에 있는 염생 습지인 갯골생태공원에는 다른 지역에서는 좀처럼 볼 수 없는 독특한 식물이 한 가지 더 있다. 갈대의 이종사촌 격인 모새달이다. 모새달은 얼핏 보기엔 갈대와 구분이 가지 않을 정도로 닮았지만 잎을 보면 차이가 확연하다. 갈대는 잎 가운데 심이 없는 반면 모새달은 잎 가운데 하얀 심이 있다. 억새 잎의 가운데 하얀 심과 닮았다. 꽃도 다르다. 갈대의 풍성한 꽃과 달리 모새달의 꽃은 단단한 벼이삭을 보는 것 같다. 모새달을 보는 즐거움도 좋지만 갯골의 가을은 역시 칠면초의 변신이 압권이다. 색을 일곱 번 바꾼다고 해서 '칠면초'라고 하는데, 처음에는 녹색이었다가 붉은빛이 돌면서 점차 자주색으로 변해 가는 모습이 정말 아름답다. 칠면초는 대표적인 염생 습지식물로, 가을의 갯골 염생 습지에서는 칠면초가 대표 선수라는 데 이견이 없을 것이다.

　많은 사진 애호가들이 몰려오는 시기도 가을이다. 칠면초의 알록달록한 아름다움과 갯골의 물이 들고 나는 모습, 거기에 갯골을 타고 오는 바람이 한데 어우러져 가을 갯골만의 정취를 연출한다. 그런데 한 가지 너무 아쉬운 게 있다. 갈대와 모새달이 어우러져 사는 것처럼 칠면초도 퉁퉁마디(함초라고 부르기도 한다)와 함께 있을 때 멋을 더한다. 그러나 아쉽게도 퉁퉁마디는 발견하기 어렵다. 몇 해 전만 해도 칠면초와 퉁퉁마디의 개체 수가 비슷할 정도로 많았는데 어느 시점부터인가 퉁퉁마디가 종적을 감추었다. 왜일까? 한 방송의 프로그램에 퉁퉁마디가 암 예방에 효과가 있다고 나온 적이 있는데 그 시점부터인 것으로 기억한다. 시흥 갯골에 그렇게도 많던 퉁퉁마디가 보이지 않게 된 것이. 퉁퉁마디나 칠면초나 그 성분은 비슷할 것이다. 둘 다 소금기를 머금고 있어 잎을 따서 먹어 보면 짭조름하다. 그런데 퉁퉁마디만 약효가 있다고 소개되어 칠면초는 살아남고 퉁퉁마디만 채취해 가 거의 볼 수 없게 된 것이다. 시흥 갯골을 찾는 많은 사람이 갯골 그 자체의 모습에서 기쁨을 찾고 위안을 얻는다. 갯골이 우리에게 주는 즐거움만큼 우리도 갯골의 생태를 그대로 유지할 수 있도록 보전해야 한다. 퉁퉁마디가 사라진 갯골의 빈자리를 칠면초가 메우고 있어도 예전 모습 그대로의 자연은 아니다. 퉁퉁마디를 먹고 암을 치료했다는 뉴스는 아직 접하지 못했다. 퉁퉁마디를 먹는 것보다 퉁퉁마디가 살아 있는 갯골의 자연 속에서 암의 원인인 스트레스를 푸는 것이 더욱더 효과적인 치유법이 아닐까 생각해 본다.

칠면초 오감 체험

칠면초는 대표적인 염생식물이다. 칠면초를 활용해 오감 체험 중 시각적 자극과 미각 체험을 할 수 있다.

일곱 번 색을 바뀌는 모습을 사진에 담아 아이들이 색의 변화를 알도록 지도한다. 현장에서 보는 칠면초의 모습이 이렇게 변화무쌍하다는 것을 알게 하는 것이다.

칠면초 잎을 조금 뜯어서 아이들과 나누어 먹어 본다. 이때 주의할 점은 아이들이 마구잡이로 채취하게 놔두어서는 안 된다는 것이다.

매번 강조하지만 식물을 채취할 때는 개체 수의 양을 고려해 적절하게 조절하는 것이 중요하다. 체험 현장에 따라 해당 식물의 개체 수에 차이가 있다. 개체 수가 적은데도 항상 해 오던 방식이니까 괜찮겠지 하는 태도는 바람직하지 않다. 따라서 현장의 상황을 잘 판단하고 체험 프로그램을 진행하는 것이 매우 중요하다.

칠면초의 개체 수가 많지 않으면 조금씩 나누어 한 번 정도 맛을 보게 지도하는 것이 좋다. 개체 수가 많더라도 현장에서 직접

[그림4] 퉁퉁마디. 마디가 퉁퉁하게 구분이 가서 붙여진 이름이다.

[그림5] 주변 환경이 나빠지면서 칠면초도 개체 수가 줄어들고 있다. 공원 관리 부서에서 인공 재배를 통해 식재하는 방식으로 개체 수 감소에 대응하고 있다.

채취하여 섭취하는 경우 함부로 먹지 않도록 주의하는 것이 좋다. 공공기관이 관리하는 공원은 농약을 살포하는 경우가 많기 때문에 씻어 먹더라도 아주 적은 양만 먹어 보는 것이 바람직하다. 칠면초의 짭조름한 맛으로 아이들은 염생 습지와 염생식물의 특징을 오감으로 깨닫게 된다. 칠면초가 선물한 맛과 멋에 대해 아이들과 "칠면초야, 고마워!"라고 인사하는 것도 잊지 말자.

생태 교육 관찰 일지 기록은 매우 유용하다
생태 교육 활동을 마치면 교사는 관찰 일지를 작성하도록 한다. 생태 현장에서는 아이들이 꾸밈없이 자신을 표현하기 때문에 자연스럽게 아이들 각자의 개성을 알아차릴 수 있는 기회가 된다. 실내 활동에서는 보이지 않던 아이들 각자의 특성이 생태 현장에서는 잘 나타나는 경우가 많다. 따라서 교사는 생태 교육 프로그램을 진행하면서 아이들 각자의 특성을 관찰하는 것이 중요하다. 교사 혼자서 진행과 관찰을 동시에 하기 힘들다면 학부모를 교육 도우미로 참여시켜 진행뿐 아니라 동영상 촬영을 부탁해 보자. 혼자서 여러 일을 하다 보면 프로그램에 집중하지 못할 수도 있고, 아이들의 활동을 관찰하는 데 소홀할 수도 있다. 생태 교육 활동을 할 때는 학부모의 도움을 받는 것이 교육의 효용성을 높여 준다.

그런데 학부모의 도움을 받으려면 먼저 학부모를 대상으로 생태 체험 교육을 진행해 생태 교육에 대한 이해를 높이는 과정이 반드시 필요하다.

생태 교육 관찰 일지는 아이들이 활동 과정에서 표현하고 행동한 것을 교사 나름대로 알기 쉽게 작성하면 된다. 일지를 통해 아이들 각자의 개성을 파악하게 되면 일상생활을 지도하는 데도 도움이 될 것이다. 학부모와의 상담에도 도움이 된다. 교사의 생태 교육 관찰 일지는 해당 유치원이나 어린이집, 초등학교에서 활용할 수 있는 좋은 자료가 될 것이다.

일석삼조

학부모가 생태 교육 활동에 참여하게 되면 해당 교육기관의 이미지 향상에도 도움이 되고 생태 교육이 추구하는 교육 공동체 구축을 위해서도 밑거름이 된다. 학부모가 참여하여 함께 만들어 가는 가장 이상적인 생태 교육 공동체의 모델이 되는 것이다. 아마도 이러한 모델이 잘 운영되면 해당 교육기관의 위상도 높아지면서 전국적인 벤치마킹 대상이 될 수도 있다.

학부모가 생태 교육 도우미로 참여하면 교사 입장에선 어느 정도 긴장은 되겠지만, 그럴수록 더 열심히 노력하게 되어 오히려 역량이 크게 발전하게 될 것이 분명하다. 학부모 역시 자기 계발에 도움이 된다. 어머니들 중에는 경력 단절에서 오는 우울증이 치유(healing)되었다며 필자에게 감사 인사를 하는 경우도 있었다. 특히 생태 교육 지도 역량이 커지면서 진로에도 영향을 미친 경우가 있었는데, 유치원이나 어린이집에서 진행했던 생태 교육에 참여했던 학부모들 중 현재 직업적 생태 강사로 활동하고 있는 분도 많다.

이렇듯 학부모를 생태 교육 도우미로 활용하는 것은 해당 교육기관의 신뢰감 형성에도 도움이 될 뿐 아니라, 생태 교육에 참여한 학부모 스스로 생태적 감성 회복과 마음의 치유도 되고 아이들을 위한 봉사 활동도 할 수 있어 일석삼조 이상의 결실을 맺을 수 있다.

아이들 스스로 자유롭게 놀 수 있도록 환경을 조성해 주는 것도 좋다(자유 놀이 시간)

아이들이 자연물을 이용할 수 있는 장소를 미리 조사해 선정한 후, 대상지에서 자유롭게 놀 수 있도록 분위기를 형성해 주고 놀이의 방향을 잘 관찰한다. 아이들의 놀이 과정을 지켜 보며 소외되는 아이들은 없는지, 구성원 모두가 소규모로 혹은 개별적으로 자연 속에서 적응하고 있는지 살펴보는 것이다. 이렇게 일정 시간을 자유 놀이 시간으로 주면 아이들 스스로 판단하고 스스로 책임질 수 있는 능력을 갖추게 된다. 즉 교사는 놀 수 있는 환경을 조성해 주고는 자유 놀이에 대한 아이들의 욕구가 바람직하게 진행되도록 도와주는 조력자 역할을 하면 된다. 교사의 지시에 따라 하나부터 열까지 진행되는 방식은 생태 교육의 기본 방향이 아니다. 자유 놀이 시간을 주면 아이들은 서로 협력하기도 하고 역할도 나누며 논다. 이런 활동을 잘 관찰하다 보면 아이들의 욕구도 파악하고 개별적인 성격도 알 수 있다.

이처럼 아이들에 대해 알면 일상적인 활동에서도 아이들의 개별적 특성을 고려한 지도가 가능하게 된다. 생태 현장에는 레고처럼 딱 맞아떨어지는 장난감이 아니지만 얼마든지 상상하며 만들 수 있는 자연물이 많다. 자연물을 가지고 다양한 만들기가 가능하다. 나만의 집도 만들 수 있고, 자연물로 스토리텔링도 가능하다. 아이들 스스로 자연물을 이용해 소꿉놀이도 한다. 현장에서 간단한 연극 활동도 가능하다. 숲속에 베어져 있는 나무를 놀이에 이용하기 위해 여럿이 힘을 합쳐서 이동하기도 한다. 물론 교사의 적절한 지도와 주의가 필요하다. 여럿이 힘을 합치면 무거운 것도 들고 나를 수 있다는 협동심을 놀이 활동을 통해 깨닫게 된다. 자연 속에서 공동체 문화를 익혀 가는 것이다.

요즘 장난감 가게에 가면 몇백만 원짜리 비싼 장난감들이 많다. 정교하게 만들어져서 리모컨만 누르면 움직이는 최첨단 장난감도 넘쳐난다. 그야말로 돈만 있으면 다 살 수 있는 세상에서 사는 우리 아이들이 자연물을 이용해 놀 수 있는 방법을 스스로 깨치고 자연물로 놀이하는 것이 화학물질로 만들어진 장난감 놀이보다 더 재밌게 느낀다면 아이들의 인성에도 많은 도움이 되지 않을까? 자연에서는 항상 그대로 그 모습인 것은 없다. 비슷해 보이지만 매일 다른 모습으로 아이들을 기다린다. 언제나 그 모습 그대로인, 공장에서 만들어진 장난감보다 변화무쌍하면서 다양한 상상의 세계를 만들어 갈 수 있는 자연물 놀이가 더욱더 재밌고 친근하게 다가오게 된다. 이렇게 유도하고 지도하는 것이 생태 교육이다. 하나의 나뭇가지가 한 가지 놀이에만 사용되지 않는다. 다양한 놀이나 만들기 활동에 활용되면서 자연에서의 무궁무진한 재밋거리에 동화되어 가는 것이다.

자유 놀이 시간을 통해 아이들은 서로서로 의견을 교환하며 상호 소통과 배려하는 습성을 기르게 된다. 나 혼자만 고집을 부리면 놀이가 재미없어지는 것을 깨닫게 되고, 서로 협동하며 노는 것이 훨씬 더 재미있다는 것을 알게 되는 것이다. 이러한 활동을 통해 아이들은 사회성과 상호 소통과 배려라는 중요한 품성을 몸에 담게 된다.

자유 놀이 방식은 교사가 준비한 생태 교육 프로그램 과정에서 자연스럽게 아이들에게 기회를 주는 방식으로 진행한다. 계절에 맞는 프로그램 안에서 아이들이 창의적으로 놀이를 만들어 갈 수도 있고, 프로그램과 연계해 확장 활동으로 진행되기도 한다. 예를 들어 보자.

겨울에 프로그램을 진행하는 경우, 교사가 준비한 프로그램과 아울러 그날의 날씨나 현장의 조건을 고려해 아이들이 자유롭게 놀 수 있는 분위기를 조성해 준다. 아무도 밟지 않은 눈밭 위에서 구르기도 하고, 눈사람 만들기, 이글루 만들기 등 다양한 겨울 놀이가 가능하다. 물론 겨울 체험을 위한 준비는 잘해야 한다. 겹겹이 옷을 입고 나가면 별 탈이 없다.

가을에는 교사가 준비한 가을에 적합한 프로그램을 진행하면서 아이들에게 자유 놀이 시간을 갖게 한다. 낙엽을 모아 뒹굴고 뿌리면서 놀기도 하고, 단풍 든 나뭇잎으로 소꿉놀이를 할 수도 있다.

자연물 오케스트라 프로그램을 진행하면서, 교사가 도입부만 도와주고 나머지는 아이들 스스로 자유롭게 활동하도록 시간을 줄 수도 있다. 이렇게 자유 놀이 시간을 주고 관찰하면 아이들의 개성이 나타난다. 주변에 흙놀이 할 수 있는 곳이 있으면 흙바닥을 거대한 캔버스로 활용할 수 있다. 자연물을 이용해 다양한 표현도 해 본다. 보고 싶은 얼굴을 그리기도 하고, 좋아하는 동물 모양으로 꾸미기도 하고, 추상적인 문양을 만들어 보기도 한다. 흙으로 케이크도 만들고 주변의 자연물로 장식도 한다. 아이들은 이러한 활동을 통해 흙과의 친화력을 기르고 창의적 공작 활동을 하게 되는 것이다.

생태 교육 활동은 정기적으로 자주 진행해야 한다

날마다 날씨도 다르고 생태 교육 현장의 식물과 곤충 등 생물의 모습도 변한다. 나갈 때마다 다르게 변해 있는 생태의 변화무쌍함을 아이들에게 발견하게 하고, 자연이 신비롭고 재미있다는 것을 느끼게 한다. 흙이나 나무, 나뭇잎 위에서 발견한 애벌레를 징그럽다고 생각하지 않고 친근하게 바라보며 생명의 경이로움을 깨닫게 된다. 어쩌다 가끔 나가는 활동만으로는 아이들에게 자연의 경이로운 변화를 알아차리게 하는 데는 한계가 있다. 따라서 생태 교육 활동은 주기적으로 자주 나가는 것이 중요하다는 것을 잊지 말자.

교사는 아이들이 무엇을 바라보는지, 욕구가 어디로 향하고 있는지를 주시하고 아이들이 느끼고 표현하는 것에 공감해 준다. 아이들이 호기심을 느끼는 대상에 대해 관심을 주고 아이가 꾸민 공간은 과감하게 칭찬해 준다. 아이들의 모든 것을 인정하고 믿어 주는 것이 필요하다. 생태 교육 활동이 주기적으로 계속되면 확인하지 않아도 아이의 생태적 감성이 무럭무럭 자란다. 생태 교육 활동을 통해 우리 시대에 절대적으로 필요한 '자연과 더불어 사는 사람'이 만들어질 수 있기를 희망한다. 이것이야말로 우리 모두가 살길이다.

아이들의 질문에 적절하게 대응하는 것이 필요하다

생태 현장은 변화무쌍하다. 아이들은 생태 현장의 모든 것을 궁금해하고 질문도 많이 한다. "선생님, 이건 뭐예요? 왜 이렇게 생겼어요? 이 풀에 붙어 있는 건 뭐예요?" 등등 아이들은 호기심이 많은 만큼 끊임없이 질문을 하고, 교사의 반응을 주시한다. 교사가 생태계의 모든 현상과 생물에 대해 알 수는 없다. 그렇지만 아이들이 궁금해하는 것을 함께 궁금하게 생각하고 아이들 눈높이에서 답을 찾아보는 자세가 중요하다. 현장 활동을 마친 후 돌아와서 각종 자료와 인터넷 검색을 통해 보다 정확한 지식과 정보를 찾아보고, 아이들에게 이야기해 주는 수고도 감수해야 한다.

생물에 대해 일상적으로 학습하는 것도 필요하다. 앞으로는 초등교사 임용을 위한 교과과정이나 유아교육학과나 보육학과에서 생태 교육을 필수 커리큘럼으로 채택하고 지도하는 것도 필요할 것이다. 교사 혼자서 공부하고 훈련하기가 쉽지 않기 때문이다.

생태 지도 교사가 알아야 할 기본 내용 학습하기

생태 교사는 생태계의 특성과 시스템에 대한 전반적인 지식을 습득하는 것이 필요하다. 그래야 생태 교육의 방향을 바르게 유지할 수 있다.

생태계를 구성하고 있는 생물적인 요소, 즉 생산자, 소비자, 분해자에 대해 각각 종류와 특성을 알아야 한다. 지구상에 있는 수천만 종의 생물에 대해 알 필요는 없으나 종의 분류 체계에 대해서는 알고 있어야 한다. 먹이피라미드에 대한 이해를 바탕으로 생물들의 개체 수가 생태계에 미치는 영향을 파악해야 한다. 먹이피라미드의 가장 상위를 차지하는 개체 수(인구)가 기하급수적으로 늘어남에 따른 지구 자원의 고갈과 훼손, 먹이피라미드의 교란 등이 벌어지는 현상에 대해 깊이 이해하고 있어야 한다. 사람이 기하급수적으로 증가하면서 다른 생물 종이 살아갈 터전을 도시와 밭, 도로로 바꾸어 놓았다. 야생동물들이 살았던 서식 공간이 사람의 삶의 터전으로 바뀌면서 동물들의 개체 수는 급격히 줄어들었다. 살아갈 곳이 없어지면 먹이도 없어지고 먹이가 줄면 개체 수도 줄게 되는 것이다. 산을 절개하여 만든 도로 위로 야생동물들이 지나다니다 차에 치어 죽는 일은 이제 다반사가 되었다. 이를 '로드킬(roadkill)'이라고 부른다. '로드킬'은 원래 도로가 아니고 야생동물들이 다니던 길을 차가 다니는 도로로 만들었기 때문에 일어나는 사고다. 산과 숲이 줄면 그곳에 살던 생물들이 급격히 감소한다. 이렇게 되면서 생태계의 먹이피라미드는 고장

나는 것이다. 먹이피라미드의 최상위에 있는 인류의 개체 수가 줄지 않고 계속되는 한 이러한 현상은 계속될 것이라고 본다. 이러한 사실을 인정한다는 것은 우리로서는 불편하다. '인구가 감소하려면 어떻게 해야 할까?'라는 화두를 던지기가 불편한 것이다. 우리나라는 이웃 나라 일본에 뒤이어 저출산, 고령화 사회로 접어들었다. 이 때문에 미래를 걱정하는 사람들이 출산을 장려한다. 작금의 지구환경 문제가 인구가 급증함으로써 비롯되었다는 사실을 인정하면서도 출산을 장려한다. 그렇다면 지구에서 인류와 다른 생물들의 지속가능한 생존을 위해서 무엇을 어떻게 해야 할까? 스스로 묻고 성찰해 보는 시간을 갖도록 하는 것이 생태 교사의 자세이다. 그러면서 스스로 답을 찾아 나가야 한다. 나부터 어떻게 할까? 우리는 어떻게 해야 할까? 어린이집이나 유치원은? 학교는? 너무 광대한 범주로 고민하지 말고 할 수 있는 일부터 목표를 세우고 실천해 보는 것이 중요하다. 교사가 현재 우리 사회가 처한 현실과 이를 극복할 수 있는 대안으로서 생태 교육에 대한 확신이 서야 교육의 진정성이 확립된다.

생태계를 구성하는 생물적인 요소와 아울러 비생물적 요소인 물, 공기, 흙, 바위 등 생물이 살아가는 조건을 이루는 무생물적 요소에 대한 지식도 필요하다. 물의 생물지구화학적 순환 체계, 흙의 구성과 바람에 대한 이해도 갖추고 있어야 한다. 이러한 지식은 주제별 도서나 인터넷 검색을 통해 확보할 수 있다. 요즘은 알고 싶은 지식과 정보는 언제 어디서나 구할 수 있는 시대이니까.

식물에 대한 지식도 어느 정도 갖추어야 한다. 생태 교육 현장에서 가장 많이 접하고 활용하는 생물이 식물이다. 풀과 나무에 대한 지식을 쌓고, 가까운 주변 현장에서 만날 수 있는 식물에 대해서는 보다 깊이 있게 아는 것이 필요하다. 일상적으로 활동하는 주변 공원이나 숲길, 텃밭 등 아이들과 주로 활동하는 생태 현장에서 쉽게 볼 수 있는 식물에 대한 특성이나 활용 여부에 대해 세밀하게 아는 것이 필요하다. 그렇게 준비하면 아이들과 프로그램을 진행하면서 자신감이 생긴다. 자신감만큼 생태 교육 활동을 무겁지 않고 즐겁게 진행할 수 있다. 교사가 걱정이 앞서면 제대로 생태 교육 활동을 진행할 수 없기 때문이다.

식물과 떼려야 뗄 수 없는 관계가 바로 곤충이다. 주변에서 쉽게 마주칠 수 있는 곤충에 대해서도 미리 학습한다. 곤충의 특성과 먹이 관계, 서식처를 정리하고 아이들과 현장에서 진행할 수 있는 준비물은 무엇인지 지도 방법에 대해서도 준비해 두는 것이 필요하다. 주변에서 볼 수 있는 곤충은 그렇게 많지 않아서 학습하기가 어렵지 않다.

생태 교육 현장에 대한 대상지별 생태 특성에 대한 기본 지식도 필요하다. 생태 교육 현장을 나누어 보면 도시공원, 도시 인근 숲, 도시 하천, 습지, 갯벌로 분류할 수 있다. 이렇게 대상지의 생태계에 대한 일반 지식은 교사 연수를 통해 학습하고 실습하면 된다.

스토리텔링 화법을 항상 연습하는 습관을 갖도록 한다

스토리텔링 화법을 연습해 둔다. 생물에 대한 지식을 활용한 스토리텔링은 아이들에게 상상의 나래를 펼치게 해 주고, 명상의 세계로 안내하기도 하며, 자연에 대해 경이로운 감성을 자라나게 해 준다. 스토리텔링 기법은 생물 해설과는 다르다. 생물에 대한 정보를 알려 주는 것이 아니라 이야기를 만드는 것이다. 마치 생태 동화를 구현하는 것처럼 말이다. 보이는 현장에서 자연과 함께 상상하고 교감하는 시간을 갖는 것을 말한다. 교사가 일방적으로 설명하는 것이 아니라 아이들에게 생각할 수 있도록 유도하고 아이들이 스스로 느낌을 이야기하며 공감하게 하면서 각자의 상상을 유도하는 지도 방식이다. 예를 들어 자연 속에서 아이들 스스로가 상상하는 동물이 되어 보는 시간을 갖기도 하고 조용히 새소리를 들으며 잠깐 동안 명상의 시간을 갖는 것도 이에 해당한다. 풀과 곤충을 탐구하는 과정에서 곤충에게 말을 걸거나 식물의 입장을 대변하기도 하며, 풀과 곤충이 관찰 대상에서 벗어나 친구가 되기도 하고 가족이 되기도 하면서 이야기를 만들어 나가는 지도 방식이다. 아이들과 함께 가상의 동물이 되어 스토리텔링으로 진행하는 예를 들어 보자.

하늘을 날아 다니며 먹이를 찾는 매가 되어 보는 시간을 갖는다. 교사가 아이들에게 이야기를 들려준다.

"나는 매입니다."

아이들은 눈을 감고 매가 되어 하늘 위에 떠 있는 상상을 한다.

교사는 매가 된 아이들에게 우리가 있는 공원 숲 위를 날게 한다. 함께 온 친구들의 모습이 보인다. 친구들은 무엇을 하고 있을까? 매가 된 아이들이 말하게 유도한다. 아이들이 상상의 매가 되어 공원 숲 위를 날아다니며 숲의 모습을 상상으로 담아 보는 시간을 갖는다. 이렇게 아이들이 상상 속에서 체험을 전개해 갈 수 있도록 지도하는 것이 스토리텔링 지도 화법이다. 교사가 상상의 동물이 된 아이들에게 자유롭게 상상 여행을 할 수 있도록 이야기를 만들어 줌으로써 상상이 보다 구체화하고 사실감 있게 되는 것이다.

이때 주의할 점은 교사가 일방적으로 혼자서 이야기를 엮어 나가는 것이 아니라, 아이들이 상상 여행을 통해서 보게 된 것과 느낀 점 등을 돌아가며 한마디씩 이야기할 수 있도록 진행하는 것이 필요하다.

아이들의 창의성을 위해서는 교사의 창의적 능력이 동반해야 한다. 창의적으로 프로그램을 개발해 보고 직접 아이들 교육에 접목하면서 평가와 수정을 거쳐 발전해 가는 자세를 갖출 수 있어야 한다. 창의적인 교수 방법에 대해 항상 고민하는 자세가 필요하다.

응급 상황에 대비한 준비도 필요하다

야외에서 교육을 진행하다 보면 항상 예기치 못한 돌발 상황이 일어날 수 있다. 이런 상황에 대비한 준비가 되어 있어야 한다. 안전사고에 대비한 응급처치 능력 등이 필요하다.

자연 숲이 아닌 도시공원에서의 생태 교육 활동에서는 안전사고 발생 요소가 거의 없지만 바닥에 떨어진 위험물도 살피고 진드기나 곤충으로 인한 피해가 발생하지 않도록 사전에 대비하는 것이 좋다. 야외 활동 시 긴팔이나 긴 바지를 입게 하고 현장의 식물이나 열매를 함부로 먹지 못하도록 주의해야 한다. 오감 체험용으로 맛보기를 할 경우는 미리 준비한 따뜻한 물로 헹구어 아주 미량만 먹어 보도록 하는 것이 좋다. 제초제 등 농약을 뿌리는 곳에서 자라는 식물은 먹지 못하게 한다. 현장 활동을 마치면 반드시 손을 깨끗하게 씻는 것도 잊지 말아야 한다.

3. 계절의 특성을 반영한 생태 교육 진행하기

봄, 생명의 경이로움 느끼기

겨울 동안 추위에 움츠려 있던 생명들이 다시 새싹을 돋고 보이는 것이 많아서 '봄'이란 이름이 붙었다고 한다.

봄 생태 교육 프로그램은 자연 생물들이 추운 겨울 동안 봄을 맞이하기 위해 어떻게 살았는지 살펴볼 수 있도록 기획한다. 갈색으로 변색된 낙엽들이 수북이 쌓인 차가운 땅을 뚫고 조그맣게 얼굴을 내민 쇠별꽃, 작고 귀여운 하늘색 꽃을 수줍은 듯 피워내는 꽃마리와 복실복실한 털로 감싼 잎 사이로 노란색 앙증맞은 꽃을 드러내는 꽃다지, 화려한 색깔의 제비꽃 등이 봄의 전령 역할을 톡톡히 한다. 습지에도 봄을 알리는 생물들의 움직임이 보인다. 개구리 알도 보이고, 겨울을 보낸 갈대가 갈색에서 초록색으로 옷을 갈아입는 모습도 보이고, 새들의 울음소리가 봄의 생동감을 알게 해 준다. 산수유와 생강나무의 노란색 꽃을 서로 비교해 보는 재미도 쏠쏠하다. 보슬보슬한 솜털이 나 있는 갯버들 꽃눈의 귀여운 모습도 볼 수 있다.

봄 생태 교육 프로그램은 이렇듯 생명의 경이로움을 깨닫게 하는 프로그램으로 기획하고 구성한다. 봄에 가장 쉽게 볼 수 있는 식물을 바라보고 만져 보고 먹어 보는 오감형 관찰 프로그램으로 구성하는 것이 좋다.

식물의 겨울나기 전략, 봄을 맞은 모습 관찰하기

민들레나 달맞이꽃 같은 여러해살이풀들은 겨울 동안 뿌리가 얼지 않도록 잎이 땅 위에 붙어서 마치 방석처럼 여러 겹으로 빙 둘러친다. 이렇게 방사형의 잎이나 식물의 형태를 가리켜 '로제트'라고 한다. 말하자면 로제트는 식물이 겨울을 나기 위한 생존 전략인 셈이다. 봄에 로제트 뿌리 잎자루를 살펴보면 털이 보송

보송하게 나 있는 것을 발견할 수 있다. 여러 겹으로 둘러치고도 안심이 안 되는지 잎자루에 따뜻하게 보온용 털을 **빡빡하게** 붙여서 뿌리를 보호하는 것이다. 모르고 지나칠 때는 잡초라고 밟고 지나쳤는데 알고 나면 정겹게 다가온다.

이들의 생존 전략은 참으로 가상하기도 하고 경이롭기도 하다. 아이들은 이렇게 식물의 봄맞이 모습을 보며 생태 감수성이 자라난다. 아이들과 함께 우리 사람들은 겨울 추위를 어떻게 견디는지 생각해 보는 시간을 갖는다. 우리는 따뜻한 집에서 살면서 겨울을 나지만 움직일 수 없는 식물들은 로제트와 같은 방식으로 겨울을 난다는 사실을 아이들이 알아차리도록 도와주는 것이 생태 교사의 역할이다. 물론 항상 강조하는 바이지만, 교사가 먼저 식물의 전략을 보며 경이로움을 느끼고 자극받지 못하면 아이들도 감성적 자극을 받지 못한다는 것을 잊지 말아야 한다. 생태 교육을 지도하는 교사들은 경이로운 자연 앞에 마음을 열고 자연물 하나하나를 진정으로 바라보며 감성이 자라도록 노력해야 하는 것이다. 생태 교사의 감동의 정도가 아이들의 감동의 정도를 좌우하기 때문이다.

봄에 나는 풀들, 먹어 봐도 될까?

봄에 나는 풀들은 독성이 있는 몇 가지를 제외하고는 대부분 먹을 수 있다. 어린잎을 깨끗하게 물로 씻고 아이들과 나누어 먹

[**그림6**] 로제트는 식물이 겨울을 나기 위한 생존 전략이다. 사람들도 이렇게 옷을 여러 겹 껴 입으면 춥지 않다.

어 보는 미감 체험이 가능하다. 물론 도시공원에서는 공원 관리를 위해 농약을 수시로 치기 때문에 먹는 체험은 많이 하지 않는 것이 좋다. 특별한 맛을 지닌 식물을 선택해서 맛보는 체험으로 준비하면 좋다. 예를 들면 괭이밥은 신맛이 난다. 토끼풀과 비슷하게 생겼지만 자세히 보면 잎 세 개가 하나하나 하트 모양으로 생겨 나뉘어 있고, 노란색 꽃은 다섯 개로 나뉘어 앙증맞은 모습이라 아이들이 좋아한다. 냉이도 먹어 보는 체험이 가능하다. 냉이는 로제트 뿌리 잎을 관찰하고 조금 더 자라면 예쁘게 모여 피는 하얀 꽃도 관찰하기 좋다. 꽃이 지면서 꽃과 함께 보이는 하트 모양의 냉이 열매 또한 아이들이 호감을 가질 수 있는 관찰 대상이다. 냉이류 중에는 말냉이나 황새냉이처럼 하트형 열매가 아니라 둥근형의 날개가 붙어 있는 열매도 있고 기다란 창처럼 생긴 열매도 있다. 이런저런 냉이 종류도 재미있는 관찰 프로그램 대상이다.

애기똥풀의 두 얼굴

늦봄에 도심 숲이나 공원에서 쉽게 볼 수 있는 풀이 바로 '애기똥풀'이다. 애기똥풀의 줄기나 잎을 자르면 나오는 노란색 즙이 아기가 누는 똥의 색과 같아서 '애기똥풀'이라고 한다. 애기똥풀 즙을 아이들의 손톱에 발라 주면서 자연과 교감을 한다. 이러한 활동은 아이들 상호 간에도 유대감이 깊어지는 활동이 된다. 친구에게 자연의 매니큐어 칠해 주기 프로그램으로 진행하면 좋다. 다만 애기똥풀의 즙액은 독성이 있으므로 먹지 않도록 조심한다.

체험 후 "애기똥풀아, 예쁜 색을 칠하게 해 주어서 고마워."라고 인사하는 것을 잊지 말자. 초본(풀)은 개체 수가 많아서 따거나 꺾어서 사용하는 것은 괜찮지만 그래도 하나의 생명체인 만큼 이렇게 재미있는 선물을 주어서 고맙다는 인사는 해야 마음이 편해진다. 사람과 풀과의 관계 역시 우리의 편의대로 해석해서는 안 된다. 아무 때나 원하면 주는 것이 식물이라는 인식보다는 우리에게 항상 고마운 선물을 주는 식물로 다가가는 것이 생태 교

[그림7] 애기똥풀의 줄기나 잎을 자르면 노란색 즙이 나온다.

육의 기본 목적과 부합한다.

꽃다지의 폭신한 털옷과 꽃마리의 예쁘고 앙증맞은 꽃에 반하다

봄이면 도심 숲이나 공원에서 흔히 볼 수 있는 풀 중에 생김새도 예쁜 꽃다지와 꽃마리를 빼놓을 수 없다. 뿌리에서 처음으로 돋아난 잎에는 빽빽하게 털이 나 있어서 만져 보면 강아지풀처럼 털의 촉감이 부드럽다.

노란색 꽃도 루페로 보면 정말 예쁘다. 루페는 본래 카메라용 도구인데, 생태 체험 도구로 이용되면서부터 카메라 도구보다 생태 관찰용 도구로 더 유명하게 되었다. 생태 체험에서는 기본적

[그림8] 아기가 싼 똥과 비슷한 색의 즙이 나와서 애기똥풀이라고 이름 붙였다. 노란색 즙을 손톱에 바르면 자연 매니큐어가 된다. 엄마가 아이에게 애기똥풀 매니큐어를 발라 주고 있다.

으로 갖추어야 할 필수 도구가 된 것이다. 그냥 지나치면 잡초일 뿐이지만 루페로 자세하게 들여다보면 너무나도 화사한 봄꽃이 거기에 있다.

루페로 꽃다지와 꽃마리를 관찰해 보면 알겠지만, 잡초라며 꽃으로 대우해 주지 않은 게 미안할 정도로 예쁘다. 꽃마리는 하늘색의 꽃이 작고 앙증맞아서 육안으로는 꽃의 모양이 잘 보이지 않는데, 루페로 보면 꽃마리의 아름다움에 빠질 수밖에 없다. 자연에 잡초란 없다.

뱀딸기와 양지꽃 형제

양지꽃과 뱀딸기가 나란히 자란 곳을 찾으면 둘이 너무나 비슷해서 구분이 잘 가지 않는다. 꽃과 잎의 생김새가 닮았다. 그러나 자세히 보면 구분이 간다.

뱀딸기의 꽃은 꽃받침이 노란색 꽃잎을 감쌀 정도로 크다. 반면에 양지꽃의 꽃받침은 꽃잎보다 작아서 꽃잎에 가린다. 뱀딸기는 꽃받침 밑에 부꽃받침이 더 달려 있어 잎으로도 구분이 된다. 뱀딸기 잎은 세 장인데 양지꽃은 세 장의 잎 밑에 작은 잎 두 장, 또 그 밑에 잎 두 장이 달려 있다. 세 잎 양지꽃이라고 뱀딸기처럼 잎이 세 장만 있는 경우도 있는데 이때도 구분할 수 있다.

양지꽃은 세 장의 잎이 곧추서 있고, 뱀딸기는 세 장의 잎이 바닥으로 긴다. 물론 열매로는 확연히 구분할 수 있다. 뱀딸기의 열매는 지름이 약 1cm 정도 크기에 빨갛게 익는다. 모양은 딸기처럼 생겼는데 맛은 없다. 밍밍하다고 할까…. 달지도 않고 떫지도 않은 그런 맛. 맛도 없지만 많이 먹으면 배앓이를 해서 많이 먹어서도 안 된다.

뱀딸기라는 이름 때문인지 아이들이 많이 묻는다. 뱀이 잘 먹느냐고. 육식동물인 뱀이 딸기를 먹을 리 없다. 그것도 이렇게 맛이 없는 딸기를 말이다. 뱀이 다닐 만한 곳에서 많이 자생해 붙여진 이름이다. 뱀과는 그렇게 가까운 식물이 아니다. 뱀딸기라는 이름 덕분에 아이들의 호기심을 자아내서 관찰 프로그램을 원활하게 진행할 수 있는 강점이 있다.

[그림9] 털이 폭신폭신한 꽃
다지의 방석잎

[그림10] 꽃다지는 폭신한
잎을 딛고 노란색
꽃들을 피운다.

[그림11] 하늘색의 아주 작
은 꽃을 피우는 꽃
마리. 루페로 관찰
하면 또 다른 아름
다움이 보인다.

제비꽃과 광대나물, 갈퀴덩굴 등

봄에 화려함을 뽐내는 꽃 가운데 빼놓을 수 없는 것이 제비꽃이다. 어느 곳에나 흐드러지게 피어 있어 아이들과 관찰 체험하기 좋은 꽃이다. 근래 보랏빛 꽃을 피우는 식물에게서 나오는 안토시아닌 성분이 암 예방에 좋고 시력 향상이나 건강에도 좋다는 연구 발표가 있어서인지 이들을 채취해 식용하는 사람이 늘고 있다. 블루베리와 같은 효과가 있다고 전해지기도 한다. 아무튼 몸에 좋다고만 하면 그게 무엇이든 싹쓸이하는 볼썽사나운 형국이다. 염생 습지에 자생하던 퉁퉁마디가 암이나 당뇨에 좋다고 발표되고 얼마 안 돼 개체 수가 거의 남지 않은 것만 봐도 자연에 대한 사람의 예의가 없어도 너무 없는 거 아닌가 생각한다. 그렇게 섭취한 자연물이 얼마나 몸에 좋을지 궁금하다. 자연물에 대한 고마운 마음이 우선해야 식물도 약효로 보답을 하는 게 아닐까. 욕심으로만 자신을 채우는 것은 옳지도 않거니와 효력도 떨어진다는 것을 필자는 경험을 통해 알고 있다.

모든 질병은 마음으로부터 온다고 한다. 마음이 평안해지면 질병도 도망간다. 집착이 병의 원인이며, 욕심이 병을 키운다. 자연으로부터 우리가 깨달아야 하는 것이 바로 공생이고, 필요한 만큼 얻는 것이다. 인간을 제외한 야생동물은 자기가 먹을 만큼만 취한다. 배가 부른 사자는 노루가 지나가도 거들떠보지 않는다. 꼭 필요하지 않은 살상은 안 하는 것이 자연의 순리인 것이다. 사람도 자연에 속하는데 유독 필요 이상의 득을 취하려고 욕심을

[그림12] 양지꽃.
꽃받침이 작다.

[그림13] 뱀딸기의 꽃과 잎.
꽃받침이 크다.

[그림14] 뱀딸기 열매, 딸기
처럼 생겼는데 맛은
없다.

낸다. 그 결과가 스트레스로 오고 질병으로 오며 사회적 갈등과 범죄 등으로 발전하는 것 아닌가.

어찌 됐든 이렇게 잡초로 홀대받던 식물들이 소중한 자원으로 귀한 대접을 받게 되는 것도 나쁘지는 않다. 길가에 밟힐 듯이 흔한 풀들의 가치를 이렇게라도 알아 주면 나름대로 식물의 고마운 존재감이 느껴지니까 말이다. 같은 이유로 진한 분홍빛 꽃을 피우는 광대나물도 인기다. 갈퀴덩굴은 아토피에 좋다고 한다. 도심의 아파트 단지에서도 흔히 볼 수 있는 갈퀴덩굴이 아토피에 좋다는 이야기가 퍼지면 잡초를 제거하기 위해 아파트관리소에서 하는 제초 작업도 줄어들 것이다. 가만히 두어도 가을이 지나면 땅에 묻힐 풀들인데 뽑아 없애느라 기계에 쓰이는 경유 냄새, 시끄러운 소음도 줄어들면 좋겠다. 잡초라고 여겨서 지저분하게 생각하기 때문에 이런 소모적인 작업을 하는 것이다. 풀들이 자라며 꽃을 피우는 모습이 맨땅보다 더 아름답다고 느껴지면 이런 소모적인 작업은 하지 않을 텐데….

산수유나무와 생강나무 이야기

봄이 되면 도시공원 어디에서도 노란색 팝콘같이 생긴 꽃을 발견할 수 있다. 공원을 조경하면서 빠지지 않고 심는 나무이기 때문에 흔히 볼 수 있어 아이들과의 봄맞이 체험에 단골손님 같은 존재다. 나무가 아이들의 눈높이와 맞으면 산수유나무의 노란꽃과 생강나무의 노란꽃을 비교해 보는 체험도 재밌다. 산수유나무는 꽃자루 위에 꽃이 얹혀 있는데, 생강나무는 꽃자루가 없어서 나뭇가지에 꽃이 착 달라붙어 있다. 도시 숲이나 공원의 나무는 크지 않아서 아이들도 교사의 도움을 받으면 관찰할 수 있다. 산수유나무와 생강나무는 봄에는 꽃으로 아름다움을 전하고 여름에는 열매로 색다름을 전한다. 특히나 생강나무는 상큼한 레몬 같은 향이 나서 아이들의 코를 자극하는 후각 체험 나무로 많이 활용한다. 아이들 스스로 느낀 바대로 이름을 붙여 주는 활동도 좋다. 아마도 다양한 이름으로 불릴 것이다. '레몬나무'나 '오렌지나무' 혹은 그냥 '좋은 냄새 나무'라고 이름을 붙이기도 할 것 같다.

물가에 서 있는 나무의 껍질과 물가에서 멀리 떨어진 나무의 껍질이 다르게 생긴 이유는 무엇일까?

물가 근처에서 자라는 나무들의 껍질(수피)은 맨질맨질하다. 버드나무도 그렇고 때죽나무, 물푸레나무도 맨질하다. 소나무를 보자. 소나무는 껍질이 울퉁불퉁하면서 단단한 갑옷을 입은 것처럼 보인다. 〈애국가〉 가사 중에 '남산 위에 저 소나무 철갑을 두른 듯'이란 가사가 있다.

환경이 척박한 곳에서 자라는 나무일수록 껍질이 두껍고 단단하다. 물이 많지 않으니 껍질을 단단히 해서 수분이 빠져나가지 못하도록 하기 위한 나무의 생존 전략이다. 먹을 물이 많은 환경

[그림15] 연보랏빛의 자태를 뽐내고 있는 제비꽃

[그림16] 광대나물의 꽃은 마치 몇 명의 무희가 무대 위에서 춤을 추듯 서 있는 모습이다. 안토시아닌이 풍부하다는 이야기가 퍼지면 이 녀석도 보기 힘들 수 있다.

[그림17] 광대나물 꽃. 세워서 보니 무대 위에서 광대가 춤을 추는 듯하다.

[그림18] 소나무와 때죽나무는 껍질이 다르다. 나무도 사람처럼 사는 환경에 따라 모습을 달리한다. 사진 속 나무는 수피가 매끈한 때죽나무이다.

이라면 굳이 껍질을 두껍게 만들 필요가 없는 것이다. 나무도 환경에 따라 모습을 달리한다. 아이들과 생태 교육을 진행하면서 나무 역시 살아가는 환경에 따라 모습을 달리하는 것을 알아차리게 하고, 자라는 환경에 따라 나무의 모습이 다르듯이 사람들도 사는 환경에 따라 다르게 산다는 것을 알게 지도한다. 나무의 삶과 우리 사람의 삶의 공통점을 깨닫게 함으로써 나무가 살아가는 모습과 사람이 살아가는 모습의 공통점과 차이점을 느끼게 해 주는 것이 생태 교육의 핵심 포인트다.

버드나무 잎을 따서 풀피리를 불어 보는 체험도 좋다. 풀피리

[그림19] 소나무의 껍질은 거북등처럼 갈라진다.

를 불다 보면 버드나무와 친근해진다. 버드나무에서 추출한 약
이 바로 아스피린이란 것도 재밌게 이야기를 만들어 들려주면 아
이들이 버드나무에 대해 고마움을 느끼게 된다. 아주 오래전에는
치료약이 없어서 병이 나면 자연물을 그대로 채취해 약으로 사용
했다. 옛날에도 통증을 낫게 하려는 시도는 있었을 것이다. 버드
나무가 가진 성분이 진통 작용을 한다는 것을 옛날 사람들이 알
았다는 것도 참 신기하다. 우리가 아플 때 통증을 가라앉게 해 주
는 약을 선사하는 고마운 버드나무 이야기를 만들어 스토리텔링
을 해 본다. 아이들의 인지 단계에 맞도록 이야기를 만들어 해설

하는 것을 교사는 항상 고민하고 준비해야 한다. 모든 자연현상을 아이들이 이해할 수 있도록 해설할 수 있어야 한다. 자연의 생리에서 벗어나지 않는 범위 내에서 자연과 사람의 관계를 엮고 풀어 가는 것이 생태 해설인 만큼 거기에 맞도록 이야기를 만들고, 아이들과 소통하는 방식으로 진행하는 것이 생태 교사의 역할이다.

쇠뜨기의 생식경 찾아보기

이른 봄, 뱀 머리를 닮은 연한 갈색의 식물체가 보이는데 이것이 바로 쇠뜨기다. 쇠뜨기는 아주 다른 두 모습을 하고 있다. 먼저 나오는 것이 포자경 혹은 생식경이라고 부르는 번식기관이다.

포자가 잘 익어 사방에 퍼지고 나면 이 줄기는 사라지면서 영양생장, 즉 광합성을 할 수 있는 녹색의 개체가 다시 생겨나는데 이를 영양경(營養莖)이라고 부른다. 이것이 바로 쇠뜨기의 줄기와 잎이다.

쇠뜨기는 줄기 하나에서 영양경과 포자경이 함께 나온다. 포자경은 3~4월이면 연한 갈색으로 굵고 마디에 잎이 퇴화된 단단한 갈색의 치마에 둘려 있고 끝에 포자주머니가 흡사 붓처럼 달린다. 이 모양을 두고 필두채 혹은 뱀머리라 부르기도 한다. 이 생식경은 높이가 10~25cm로 자라며 포자가 영글면 거북등 같은 육각형의 포자 잎이 부풀어 뒤쪽에 있던 녹색 포자가 날아가 번식

한다. 영양경은 녹색으로 높이 30~40cm로 자란다. 둥글고 속이 비었으며 마디가 많은데, 그 마디에 가지가 돌려 가며 나고 줄기는 골이 지고 능선이 있다. 잎의 수가 능선의 수와 같다.

소가 뜯어 먹는 풀이라 하여 쇠뜨기라 하는데, 이른 봄에 나타난 생식경의 모양이 뱀을 닮아서 뱀밥이라고도 부른다.

서양에서 부르는 이름은 호스 테일(horse tail), 즉 말 꼬리다. 서양에서는 생식경의 모습이 뱀이 아닌 말 꼬리를 닮은 것처럼 보여서 붙인 이름이라니, 같은 생물을 두고 동양과 서양의 보는 눈이 다른 것도 재밌다.

최근 일본을 비롯해 독일, 영국 등지에서 연구한 결과에 따르면 쇠뜨기가 암 치료에 효과가 있다고 한다. 주성분인 규산염은 뼈의 성장과 상처를 아물게 하며, 면역 기능을 활성화한다고도 한다. 이러한 사실이 알려지면서 흔하디흔한 잡초가 하루아침에 귀한 약초로 변신했다.

그러나 그저 좋다는 말만 듣고 과용하면 탈이 난다. 잘 먹으면 약이요, 못 먹으면 독이라는 말이 있다. 뭐든지 과용하면 독이 되는 법이다. 쇠뜨기는 그 효능에 비해 아직 널리 알려지지는 않은 것 같다. 잘 모르는 사람이 많은 것을 보면 말이다. 봄에 돋아난 생식경은 초록색이 아니어서 식물인지도 모르고 지나쳤을 사람이 많고, 더욱이 두 가지 모습으로 나타나서 한 식물을 두고 서로 다른 종류로 오인하는 경우도 많다.

그래서인지 쇠뜨기를 정확히 알고 나면 신기하기도 하고, 이렇듯 보잘것없는 풀이 귀한 약이 되기도 한다는 사실에 놀랍기도 한다.

쇠뜨기의 영양경을 시금치, 쑥갓, 파, 우엉 등과 비교 분석한 결과 미네랄 함량이 몇 배에서 몇십 배가 될 정도로 우수한 알칼리성 영양 식품이라고 한다.

쇠뜨기에는 규산이 녹은 상태로 70%나 함유되어 있는데 암세포의 종양을 녹이는 작용을 하는 항암제로 사용되며, 동맥 내의 지방분 침전을 막는 동맥경화의 치료 예방약이 되고, 폐결핵과 담석증, 요로결석 등에 탁월한 약효를 낸다고 한다.

쇠뜨기를 아이들과 함께 체험할 수 있는 가장 쉬운 방법은 차로 마시는 것이다. 쇠뜨기의 영양경을 말려서 이용할 수 있다. 아이들과 함께 쇠뜨기를 채집해서 말린다. 물 3컵에 말린 풀 10~15g 정도를 넣고 약한 불에서 20분쯤 끓인다. 단, 철이나 동으로 된 그릇은 사용하지 않는다.

물이 반쯤 줄 때까지 끓이고, 하루 세 번 공복에 나눠 마시면 약효를 얻을 수 있다고 한다. 아이들과는 체험 삼아 한 잔 정도 마시며 우리 몸을 건강하게 해 주는 고마운 쇠뜨기에 대해 알게 해 주는 것이 좋다.

집에서 목욕할 때도 이용할 수 있다. 말린 쇠뜨기 100g 정도를 망에 넣어 목욕물에 넣는다. 이렇게 목욕을 하면 피로를 해소해 주고 피부 미용에도 탁월한 효과가 있다고 한다. 크게 힘도, 돈도 들이지 않고 실천할 수 있는 좋은 건강법이 아닌가 생각한다. 남

[그림20] 뱀의 머리처럼 생긴 쇠뜨기 생식경. 포자낭을 가지고 번식한다.

은 목욕물은 버리지 말고 빨래를 하면 규산이 표백 효과도 있어 누런 옷이 하얗게 되는 작용도 한다고 한다.

현재 독일, 호주, 미국, 일본 등지 학자들이 쇠뜨기의 성분을 규명하고 약효를 임상 실험하며 그 우수성을 입증하고 있다고 한다.

봄에 쇠뜨기가 서식하는 곳에 매일 가서 정기적으로 관찰하다 보면 쇠뜨기의 생식경을 볼 수 있다. 뱀의 머리처럼 생긴 쇠뜨기 생식경을 관찰하며 재밌는 이야기(교사가 지어낸 생태 동화)를 만들어서 아이들에게 들려주는 것도 좋은 지도 방식이다. 쇠뜨기 잎으로는 떼었다 붙였다 하는 놀이도 할 수 있고 붙어 있는 마디 찾기 놀이도 가능하다. 마디가 쏙쏙 잘 빠져서 어느 마디가 빠진

[그림21] 쇠뜨기 영양경의 모습. 마디를 뽑으면 쑥 빠진다.

마디일까 맞히기도 해 볼 수 있다. 쇠뜨기의 숨은 재능을 좀 더 연구해 보면 어떨까?

생물에게 이름 지어 주기는 좋은 지도 방법이다

아이들에게 식물이나 곤충의 이름을 짓게 하고 부르게 하면 생물에 대한 친근감도 깊어지고 그 생물의 특징이 머리와 마음에 깊게 남는다. 몸에 생물의 특징이 남게 되면 생태적 감성이 높아지고 지속된다. 도감에 있는 생물의 이름을 외우게 하는 것은 아이들에게 부담으로 작용할 수 있다. 이름을 알고 모르는 것으로 아이들끼리 차별을 하거나 우열을 가늠하게 하는 기준이 되어서는 안 된다. 나만의 생물 이름 지어 주기는 그래서 필요한 교육 방식이다. 자신이 붙여 준 이름을 통해 아이들은 생물에 대한 거리감이 사라지고 생물과의 소통 능력이 커진다. 사람뿐 아니라 다른 생물도 배려해 주고 또한 소통도 하는 아이는 사회성과 인성 역시 당연히 깊어지고 단단해진다. 생태 교육은 인성과 사회성 향상을 위한 기초 체력 훈련이라고 할 수 있다. 생태 교육이 사회성과 인성을 갖춘 인간으로 성장하는 든든한 디딤돌이 되는 것이다.

4. 생태 교사 마음 다지기

"자꾸 잊어버려요. 자질이 없는 건가요?"

생태 교육 활동을 처음 하는 교사들이 많이 하는 질문이다. 식물을 보고 나서 돌아서면 잊어버리고, 다시 보면 모습이 바뀌어 있어서 잘 모르겠는데 어떻게 해야 확실하게 알 수 있느냐는 질문이다.

생태 현장이란 항상 변화무쌍하다. 이런 모습이 전체적으로 편안하게 눈에 들어오려면 시간이 조금 걸린다. 최소한 1년 정도 같은 식물을 모니터링하며 보내야 식물을 알아보는 편안함이 생긴다. 시간도 시간이지만 무엇보다도 중요한 것은 내가 사랑하는 것이 생태인지 스스로 알아차리는 것이다. 계속 눈이 가고 관심이 가고 보고 싶지 않으면 생태 교사로서 활동하기가 쉽지 않다. 생태 교육을 하며 교사 스스로 마음이 정화되고 치유되는 것이 아니라 스트레스로 작용하는 모순이 생길 수 있다. 생태 교사 교육 과정에 참여한 분들을 보면 학습욕이 과도한 분이 있다. 생태 그 자체를 즐기지 못한다. 생태적 자극을 받거나 젖지 못하고 생물 하나하나의 이름을 외우느라 머리만 바쁘다. 자연과 마음이 통하는 느낌을 얻지 못하고 도감에 적힌 지식과 정보에만 집착하는 모습을 보인다. 나는 왜 생태 현장에 있는지 먼저 자신을 돌아보자. 내가 행복하지 않으면 누구도 행복하게 해 줄 수 없다. 생태 현장에서 내가 감동받지 않으면 아이들에게 감동을 전해 줄 수 없다. 학습도 중요하지만 자기 자신의 감성으로 느끼는 것이 필요하다. 그리고 정리하면 된다. 먼저 체험하며 충분하게 즐거운 마음을 느끼고 나서 지도할 내용을 정리하며 학습하는 것이 순서다. '선체험, 후해설(학습)'이란 말을 꼭 새겨 두자.

생태 교사는 자기 자신에 대한 스스로의 압박에서 탈피해야 한다

생태 교사라고 해서 모든 것을 다 알 수는 없다. 생태란 워낙 광범위해서 한 사람의 능력만으로 그 광범위한 지식과 정보를 다 갖출 수는 없다. 다만 스스로의 스타일에 충실하면서 진솔하게 프로그램을 진행하는 것이 가장 효과적인 생태 교육 지도이다. 생태 체험 지도사 과정을 수료하고 자격증을 취득한 사람들이 가장 많이 하는 질문이 바로 얼마큼 어느 분야를 더 공부해야 하느냐는 것이다. 부족한 공부를 하려면 어떤 책을 봐야 하는지, 어디서 더 공부를 해야 하는지 궁금해한다.

생태 교사는 박사가 되는 것이 아니라 안내자가 되는 것

방송 프로그램에서 진행자가 참여자들의 분위기를 주도하지 못하고 끌려간다면 그 프로그램은 오래가지 못할 것이다. 아마도 시즌이 끝나기도 전에 개편될 것이다. 생태 교사도 마찬가지다. 참여자가 고객이다. 고객의 정서와 분위기를 주도하지 못하면 생태 교사로서의 자격이 없는 것이다. 지식이 풍부한 사람이 생태 교사가 될 수는 있어도 생태 교사가 반드시 지식이 풍부해야만 하는 것은 아니다.

주인공은 참여하는 아이들이고 교사는 이들을 주인공으로 만드는 조력자이자 연출자다. 교사는 말로만이 아닌 프로그램으로 진행한다. 아이들을 주인공으로 만들기 위해 끊임없이 질문하고 경청하고 다시 질문하며 아이들과의 소통을 이어가면서 아이들이 교사가 의도하는 감성의 세계로 빠져들 수 있도록 이끌어야 한다. 생태 교사는 쌍방향 소통 능력과 아이들의 표정 하나도 놓치지 않는 주의력이 반드시 필요하다. 그래야 아이들을 생태 현장 무대에서 주인공으로 만들 수 있다.

생태 모니터링은 생태 지식을 높이는 데 반드시 필요한 훈련 과정

　교사에게는 다소 생소한 분야일 수도 있는 생태 모니터링 방법에 대해 살펴보자. 먼저 모니터링할 생태 현장을 고른다. 주로 아이들과 자주 프로그램을 진행할 장소가 적절하다. 한 3~5군데를 지정하고 나서 그곳의 생태 현황을 파악하기 시작한다. 먼저 그곳의 지도를 그리는 것이 필요하다. 인터넷 웹사이트에 올라와 있는 지도나 종이 지도를 이용할 경우 자신이 조사한 내용을 기록하기가 수월치 않다. 생태 현장 대부분이 도시공원이어서 그렇게 넓거나 복잡하지 않기 때문에 자기만의 지도를 그리는 것이 편리하다. 이때 스케치북을 이용하면 편하다. 도화지 한 장에 생태 현장을 다 그리려고 하지 말고 현장을 나누어서 한 장씩 그리는 것이 좋다. 전체를 몇 개 부분으로 나눌지는 현장을 돌아보며 스스로 결정하면 된다. 가급적 프로그램을 진행하기 수월한 코스를 정하고, 아이들과 함께 진행할 코스별로 나누면 효율적이다. 코스를 정했으면 코스별 지도에 동선별로 있는 생물종 하나하나를 표기하고 특징 및 프로그램으로 도입할 만한 내용들을 기록한다. 도시공원에서 서식하는 생물들은 생물 도감이나 인터넷 검색을 통하면 찾기 수월한 생물들이 주종이어서 현장에 있는 생물종을 코스별로 그려서 기입하면 된다. 가급적 종별 개체 수도 대략

세어 기록하면 더욱더 훌륭한 도감 지도가 된다. 지도에 생물상의 모양이나 개체 수, 위치를 기록한 후에는 해당 코스에서 아이들과 진행할 생태 교육 프로그램을 고민한다. 어떤 프로그램으로 진행하는 것이 좋을지 정하면 그 코스에서 할 수 있는 생태 교육 프로그램을 지도에 기입한다. 이렇게 만들어진 지도는 훌륭한 오감 생태 교육 지도가 된다. 나만의 지도이기 때문에 생태 교사 스스로도 성취감과 자긍심이 높아지고 교육하는 데 자신감이 붙는다.

오감 생태 교육 지도를 만드는 것은 교사의 역량 강화를 위해 반드시 필요한 필수 작업

오감 생태 지도를 만들 때 어려운 점이 없느냐고 묻는 사람이 많은데, 실제로 해 보면 정말 쉽다. 도감만 있으면 된다. 카메라와 도감 그리고 루페와 메모 수첩, 스케치북만 있으면 'OK'이다.

스케치북은 오감 지도책으로 쓰이는 도구다. 스케치북 한 장에 코스 한 개를 그린다. 번호를 매기며 진행할 동선에 따라 코스 지도를 만든다. 알지 못하는 생물은 사진을 찍고 도감을 찾으며 현장에서 위치와 모습, 주변 상황을 자세히 기록하고 사진에 담는다. 이렇게 하나하나 조사하고 기록하면서 알아 가면 정말 소중한 나만의 생태 교육 자료 및 지도서가 만들어진다.

다섯 군데 정도를 이렇게 모니터링하면서 오감 생태 교육 지도 만들기를 하면 생태 지식도 단단하게 쌓이고 자신감도 생긴다. 그리고 무엇보다 생태 교사의 첫 번째 조건인, 소중한 '경이로운 감성'이 살아난다. 생태 교육에 대한 애정도 깊어지고 멈출 수 없는 재미가 붙는다.

이 대목에서 반드시 짚고 넘어갈 것이 있다. 생태 모니터링과 지도 만들기 활동은 일 년 동안 해야 한다. 계절별 생물상의 변화를 담아야 진짜 생태 모니터링이 되기 때문이다. 경험해 본 사람도 많을 텐데 봄에 본 식물을 여름에 보면 같은 종인데 몰라본다. 식물의 변화를 관찰할 수 있는 방법이 바로 모니터링이다. 같은 위치에서 사계절을 관찰하며 같은 종의 변화를 사진과 기록지에 담는다. 모니터링한 장소가 훌륭한 생태 교육장이 된다. 거기다 교사가 직접 만든 사계절 생태 도감이 완성되는 것이다. 혼자서 하는 것이 어렵다고 생각되면 교사들끼리 짝을 만들어 함께 활동하는 것도 좋은 방법이다. 혼자서는 자꾸 미루려는 습성이 있어서 나중에는 포기하는 경우도 생긴다. 모니터링 활동은 습관화되어야 완성된다. 아침에 운동하는 습관처럼 모니터링도 일주일에 한 번 그 장소에 가는 것을 습관화해야 한다. 예를 들면 매주 수업이 끝난 목요일 오후에는 반드시 모니터링하는 것을 습관화하는 것이다. 일주일에 한 번이 바람직하지만 2주일에 한 번 하는 것도 괜찮다. 2주일에 한 번 정도 가도 생물상의 변화 폭이 크지 않기 때문에 안정적으로 모습을 관찰하고 기록할 수 있다.

처음에는 대상지를 한 군데만 해도 된다. 그렇게 습관이 되고 재미가 붙으면 대상지를 늘리는 것이 좋다. 처음부터 무리하게 욕심을 내면 시간에 쫓기게 되고, 포기하게 된다. 이렇게 되면 자책감도 생기면서 지속적으로 활동할 의욕을 잃게 될 수도 있으니 무리한 욕심은 절대 금물이다. 한 군데부터 차분하게 시작할 것을 권한다.

자, 이 글을 읽고 접하는 지금, 계획을 세우고 실행할 것을 권한다. 경험으로 보건대, '아!' 하고 느끼는 순간이 지나면 시작하지 못하는 경우가 많다. 지금 책을 덮고 메모용 수첩과 카메라(요즘은 스마트폰 카메라도 성능이 좋다), 루페를 들고 내가 사는 주변부터 둘러보자. 아파트 단지라도 좋다. 아파트 단지의 화단에도 꽤 많은 식물이 살고 있다는 사실에 놀라게 된다. 자, 지금 이 순간부터 재미를 얻어 보자. 감수성은 스스로 만들어 가는 것이다.

사진을 통해 식생 모니터링 방법을 알아보자. 나무 한 그루를 대상으로 모니터링하는 방식이다.

먼저 관찰할 나무를 선정한다. 나무는 종류마다 모양이 다르다. 따라서 나무의 전체 모습이 모두 담기도록 사진을 찍는 것이 좋다. 그런 다음 나무의 각 부분을 사진에 담는다. 나무의 껍질(수피)이 자세하게 보이도록 사진을 찍고, 나뭇잎의 모습을 담는다. 나뭇잎은 앞면과 뒷면의 모습이 다르기 때문에 앞면과 뒷면을 따로 찍는다. 그런 다음 꽃을 찍는다. 나무를 모니터링할 시기에 잎과 꽃을 모두 볼 수 있으면 좋겠는데, 이미 졌거나 피기 전

[그림22] 먼저 나무 전체의 수형을 카메라에 담는다.

[그림23] 나무의 수피(껍질) 모양을 카메라에 담는다.

[그림24] 나무의 잎과 가지, 꽃 등을 자세하게 카메라에 담는다.

[그림25] 잎과 열매를 함께 찍는다. 사진에 나온 열매와 잎은 소사나무다.

[그림26] 나무의 특이한 모양을 찍는다. 사진 속 나뭇가지에 붙은 줄무늬 혹같이 생긴 것은 벌레집이다.

[그림27] 벌레집의 속 모습, 애벌레가 되어 알집을 나가 빈집이다.

이라면 꽃이 필 무렵 다시 와서 촬영하는 것이 좋다. 같은 장소에서 같은 나무의 모습을 주기적으로 촬영하는 것이 모니터링 기법이다.

네가 개망초야?

개망초, 여름철이면 우리나라 어디서든 흐드러지게 피어 있는 일명 '달걀프라이 꽃'이다. 달걀프라이처럼 생긴 꽃 모양에서 붙여진 이름이다. 그런데 봄에는 이 녀석을 찾기 쉽지 않다. 분명 꽃이 피기 전에도 개망초는 존재할 텐데 어떤 풀이 개망초인지 잘 몰라본다. 꽃이 필 시점의 잎 모양과 어린 시절의 뿌리 잎 모양이 전혀 다르기 때문에 구분하기 쉽지 않은 것이다. 옆에 나란히 있어도 전혀 다른 식물로 보인다. 그만큼 뿌리 잎은 다 자란 모양과는 딴판이다. 아침에 일어나 부스스한 모습과 단장하고 나선 여성의 모습이 아주 다르듯이 이 녀석도 몰라볼 정도로 다르다. 이런 변신을 알아차리는 순간 재미와 감동이 몰려온다. 미국 쑥부쟁이의 어린 시절도 그렇다. 이렇게 변신을 하는 풀들이 우리 주변에 널려 있다. 이런 풀들의 변신을 카메라에 담아 보는 시간을 갖자. 도시공원에서 산책을 하며 이런 모습들을 사진으로 담아 보고 그다음 날 한 번 더 보고…. 이들의 변신을 알아차리는 것을 그 식물과의 게임으로 생각하고 진행해도 재밌다.

"변신을 해 봐라. 나는 그래도 너를 알고 있다."

좀 유치한 것 같지만 재밌다. 혼자서 재밌게 노는 방법으로 추천하고 싶다. 생태 교사라면, 이런 재미를 어떻게 우리 아이들에게 전달할 수 있을까 고민해야 한다. 이 대목이 바로 프로와 아마추어의 차이가 아닐까 한다.

생태 교사는 이렇게 자신이 직접 겪은 생태적 감동을 통해 아이들에게 더욱더 좋은 자극으로 다가갈 수 있는 방법을 구상하고, 이렇게 구상한 것을 생태 교육 프로그램으로 기획하여 정리한다. 도입과 전개, 마무리는 어떻게 할지, 피드백은 어떻게 해야 생태적 감성이 다치지 않고 잘 마무리될지, 상상 속에서 생태 교육을 진행하는 장면을 그려 보는 습관을 가지면 매우 효과적이다. 실제 교육하는 것처럼 진행 과정에 대한 상상 훈련은 생태 교사의 역량을 강화하는 데 매우 큰 도움이 된다.

아이들과 생태 교육을 진행하는 상상 훈련을 해 보자. 도입 단계부터 마무리까지 실제로 진행하는 것처럼 멘트도 구상하며 상상해 본다. 여러 번 계속해 진행하다 보면 습관이 되고, 습관이 되면 어느새 몰라보게 실력도, 감수성도 성장한 자신을 발견할 수 있을 것이다.

거울 앞에서 자신 바라보기

생태 교사로서의 역량을 강화하기 위한 훈련 방법 중 하나이다. 나를 자연의 일부라고 생각하고 내 몸에 대해서도 예의를 갖춰 보자. 몸은 마음의 입구이다.

휴일이라고 씻지도 않은 채 하루를 시작하는 사람이 많다. 몸이 무거우면 마음도 무겁다. 몸이 보내 오는 신호에 적극적으로 화답하는 것이 좋다.

전면 거울 앞에서 자신의 외모 가운데 가장 좋아하는 부분을 찾아 정성껏 어루만져 보는 것도 좋다. 이 몸으로 세상에 나와서 이 몸으로 떠난다. 몸을 존중하는 마음으로 정성스레 만져 준다.

몸에 대한 상상도 좋다. 불가능한 모습으로의 상상보다는 변신 가능한 모습으로의 상상을 통해 나의 몸의 변신도 도모해 보는 것이 좋다. 조금씩 변화해 가는 나의 몸을 바라보는 것도 즐거움이다. TV 방송의 다이어트 프로그램에 나와 다이어트에 성공했다는 사람들이 많다. 그런데 그 사람들처럼 되고 싶다는 바람은 과다한 목표일 수 있다. 직장에 다니는 생활인들에게는 무리한 설정이다. 내 몸이 무리가 가지 않는 범위에서 아주 조금씩 자신을 만들어 가는 것이 필요하다. 마음이 편한 만큼 몸도 만들어 가야 몸과 마음이 하나가 된다. 몸에 무리가 가면 마음도 무너진다.

얼굴 표정에 변화를 주고 싶다면, 거울을 보며 변화하고 싶은 표정을 매일 만들어 본다. 생태 교사의 표정은 매우 중요하다. 아이들의 맑은 모습을 담아 주는 그릇처럼 교사의 얼굴은 맑아야 한다. 표정은 교육에도 영향을 미친다. 마음은 그렇지 않은데 표정이 어둡거나 굳어 있다면 거울을 보면서 표정 훈련을 해야 한다. 밝은 표정의 얼굴을 떠올려 보면서. 상상한 대로 이루어진다.

[그림28] 개망초의 뿌리 잎, 잎자루에 털이 보송보송 나 있는 모습이 경이롭다. 잡초라고 홀대받는 서러움도 견디고 겨울의 추위도 견디며 굳건하게 자라나는 모습이 대견하다.

[그림29] 꽃 모양이 달걀프라이 같은 개망초 꽃. 개망초의 뿌리 잎 사진과 비교해 보자. 따로 따로 보면 전혀 다른 식물 같다. 식물의 변신이 놀랍다.

교사가 마음속 깊이 행복해야 아이들을 행복하게 해 줄 수 있다

언제나 감수성을 잃지 않도록 명상하고 자극받는 시간을 갖도록 권하고 싶다. 자신에게 맞는 방법을 찾아 수련하는 것이 필요하다.

이런 방법은 어떨까?

주말이나 휴일 날 숲길이나 공원을 걸으면서 명상한다.

매일 일정한 거리를 걸으면서 후각을 깨워 주변의 냄새를 맡아

보고 시각을 깨워 주변을 진정으로 바라보며 걷는다. 내가 살아 있음을 충분하게 느껴 본다.

이렇게 습관처럼 길들여진 상태가 되면 자신의 바이오리듬을 알 수 있다. 바이오리듬에 따라 일을 하면 10시간 걸릴 일을 단 10분 만에 처리할 수도 있다. 급하면 후회한다. 숙성될 때까지 기다려야 한다. 훈련이 안 된 교사는 깊이가 얕아서 비록 아이들과의 교육 활동은 어느 정도 진행할 수 있을지 모르지만 자신의 내면의 만족감과 자긍심, 그리고 생태적 자극을 통해 얻어지는 경이로운 감성을 얻지 못한다. 직업이니까 어쩔 수 없이 해야 하는 훈련이 아닌, 아이들만을 위해서가 아닌, 나 자신을 위한 시간이라는 사실을 깊게 인식하는 시간이 필요하다. 지금껏 겪지 못한 기쁨과 함께 자신에 대한 대견함이 느껴질 것이다.

4장

생태 교육 프로그램의 유형

1. 관찰 · 탐구형 프로그램

　주로 숲이나 하천 등 자연 생태 공간에서 관찰하고 탐구하는 방식의 프로그램이다. 새 관찰, 초본(풀) · 목본(나무) 관찰, 육상 동물 관찰, 수서곤충 관찰, 수생식물 관찰 등, 생태계의 구성요소 중 생물적 요소를 대상으로 다양한 도구를 활용하여 관찰하는 방식이 있고, 미리 기획된 양식을 나누어 주고 생태 교육 현장에서 지시된 주제에 맞도록 탐구 활동을 하는 방식이 있다. 예를 들면 지시어가 인쇄된 양식의 종이를 나누어 주고, 요구하는 식물의 잎이나 껍질, 열매 등을 수집하여 가져오는 식의 활동을 일컫는다. 같은 모양의 나뭇잎 찾아 가져오기, 가을을 상징하는 자연물 다섯 가지 붙여 오기, 신맛이 나는 식물 조사해서 수집하기 혹은 그려 오기 등의 활동이 이러한 유형에 속한다. 관찰·탐구형 프로그램의 지도 방법을 알아 보자.

지도 방법 예시 1: 철쭉

철쭉은 봄에 어디를 가도 볼 수 있는 식물이다. 관목(키 작은 나무)이라 아이들이 접근하거나 관찰하기도 적절해서 프로그램을 진행하기에 수월하다. 철쭉꽃은 루페로 관찰해 본다. 그냥 눈으로 볼 때보다 루페로 관찰하면 꽃의 수술과 암술이 명확하게 보인다(루페를 사용하기 어려운 아이들은 돋보기를 사용한다).

꽃을 정면으로 바라보면 꽃잎에 일정하게 수놓아진 점들을 관찰할 수 있다. 이 점들은 왜 이렇게 꽃 안쪽을 향해 찍혀 있을까 아이들이 궁금해하도록 교사가 유도한다. 교사가 어떻게 하느냐에 따라 아이들은 관심과 호기심을 갖게 된다. 교사가 단순하게 꽃을 관찰해 보라고 지시하면 아이들의 호기심을 끌어낼 수 없다. 항상 강조하는 바이지만 생태 교육의 성과는 교사가 어떻게 하느냐에 따라 좌우된다. 교사가 먼저 시범을 보이며 감탄사를 연발하고 매우 놀라는 모습을 보여 주는 연출이 필요하다. 주변에서 흔히 볼 수 있는 꽃이기에 특별히 관심을 갖고 관찰하지 않으면 아이들은 철쭉에 대해 별 흥미를 느끼지 못한다. 아이들의 관심을 끌어내기 위한 교사의 시범이 중요한 이유이다.

철쭉의 점 문양은 왜 생긴 걸까? 아이들과 관찰한 후 이야기를 나누어 본다. 꽃에서 조금 떨어진 위치에서 다시 꽃을 바라본다. 점이 보이는지 확인한다. 여기서 교사는 아이들에게 꽃을 좋아하는 곤충을 연상하게 한다. 아마도 '꿀벌'이라는 대답이 가장 많이 나올 것이다. 꿀벌이 찾아오게 하려면 꽃들이 어떤 방법을 써야 할지 생각해 보게 한다. 비행기가 무사히 착륙하기 위해서는 하늘에서도 잘 보이도록 활주로에 유도등을 설치해야 한다. 철쭉은 벌들을 유도하기 위해 꽃잎에 점 문양을 만들어 유도하는 것이다.

이처럼 꽃들 역시 저마다 종족을 번식시키기 위한 전략을 가지고 있다는 것을 알게 되면 아이들도 관심을 갖게 된다. 꽃의 생명 활동을 아이들 스스로 깨닫게 하고, 꽃이 아름답기만 한 것이 아니라 우리 사람처럼 똑똑하다는 생각을 갖도록 하는 것이 철쭉 관찰 프로그램의 목적인 것이다.

관찰을 마친 후에는 아이들을 꽃과 꿀벌로 나누고 역할 놀이를 해 본다. 역할 놀이를 통해 아이들은 직접 관찰한 철쭉의 생존 전략을 몸으로 깨닫게 된다.

지도 방법 예시 2: 이끼

아파트 단지나 도심에서 이끼를 찾아보기는 쉽지 않다. 이끼는

[그림1] 철쭉의 꽃 가운데에 점 문양이 뚜렷하다. 비행기가 내리는 활주로의 유도등처럼 곤충이 내려앉도록 유인하는 철쭉의 생존 전략이다.

깨끗한 환경에서만 자라기 때문에 대기가 오염된 도심에서는 찾아보기 어렵지만 가까운 도시공원에 가면 쉽게 발견할 수 있다. 땅바닥이나 고목에서 자라는 이끼를 루페로 관찰해 보면 전혀 다른 세상이 보인다. 마치 아마존의 밀림을 보는 것 같다. 육안으로 보기에는 편평하게 보이는 이끼가 루페를 통해 보면 나무들이 빽빽하게 자라는 밀림처럼 보인다.

　이끼를 관찰하며 서로서로 보이는 모습에 대해 이야기를 나누어 본다. 무엇이 보이는지, 보이는 느낌을 그대로 전달하며 아이들의 감성을 자극한다. 물론 이 경우에도 교사의 행동과 말이 중요하다. 교사가 아이들과 함께 루페로 관찰하는 모습과 느끼는 반응에 따라 아이들의 감수성이 오르락내리락 한다. 그만큼 교사의 말과 행동은 아이들의 호기심을 증폭하기도 하고 집중을 유도하기도 하는 것이다.

이끼 관찰 후에는 《걸리버 여행기》에 나오는 거인 되어 보기 놀이도 재밌다. 이끼가 밀림이라면 아이들은 거인이 된다. 작은 세상에 들어간 아이들이 어떤 행동과 모습을 취할지 궁금하다.

지도 방법 예시 3: 개미

개미는 곤충 관찰통에 담아 관찰한다. 개미의 몸이 커다랗게

[그림2] 이끼를 루페로 관찰하면 마치 밀림처럼 보인다. 평소에는 잘 보지 않던 작은 이끼를 통해 자연의 경이로움을 느낀다.

[그림3] 생태 교사가 아이들과 함께 루페로 식물을 관찰하고 있다.

보이는 투명 관찰통을 통해 개미의 움직임과 눈과 더듬이의 모양 등을 관찰한다. 이때 주의할 점이 있다.

개미가 살아 있는 생명체임을 명확하게 인식할 수 있도록 지도하는 것이 중요하다. 개미를 채집할 때 손으로 꽉 눌러서 잡으면 개미가 죽거나 다칠 수 있다. 다리가 떨어지거나 몸통이 뭉개질 수도 있다. 먼저 교사가 조심스럽게 채집하는 모습을 보여 준다. 개미에게 말을 걸며 채집하는 방법도 좋다. "개미야, 우리 예쁜반 친구들이 너를 보고 싶어 해. 귀찮겠지만 잠깐 너를 보여 주지 않을래? 고마워 개미야."라고 개미에게 친구처럼 친근하게 대하는 교사의 모습을 보면 아이들도 그대로 따라 한다. 개미를 관찰하고 난 후에는 잡았던 자리에 놓아 주고 개미의 행적을 추적해 본다. 개미집이 근처에 있으면 개미들의 분주한 움직임을 자세히 관찰한다. 그리고 어느 정도 시간이 지나면 개미들이 살아가는 삶의 터와 우리가 사는 모습이 어떻게 다른지 이야기해 본다. 같은 점도 이야기해 본다. 개미가 새끼를 키우고 종족을 지키기 위해 먹을 것을 찾아 돌아다니는 모습을 보면 우리가 사는 모습과 닮은 점이 있다는 것을 알게 된다. 단, 이러한 관찰 체험에서도 설명식으로 지도하는 것은 가급적 지양하고, 아이들이 서로 자기가 보고 알게 된 내용을 주고받으며 스스로 알아차리게 하는 것이 좋은 지도 방식이라는 것을 잊지 말아야 한다.

[그림4] 개미를 관찰한 후 개미들처럼 줄을 이어 다니는 모습을 흉내 내어 본다. 머리에 개미 모양의 머리띠를 하고 줄로 기차를 만들어 개미처럼 걸어 본다.

지도 방법 예시 4: 초본(풀)

풀은 나무에 비해 키가 작아서 아이들이 관찰하기에 수월하다. 생태 감수성 자극에도 효과가 크다. 풀은 봄여름에 관찰형 프로그램으로 진행하기 수월하다. 몇 가지 풀을 예로 들어 관찰형 프로그램의 지도 방법을 살펴보자.

갈퀴덩굴은 루페로 관찰한다. 갈퀴덩굴 줄기는 네모난 모양을 하고 있다. 줄기를 루페로 관찰하다 보면 하얀 가시가 촘촘하게 나 있는 것을 발견할 수 있다. 가시가 나 있는 모양이 어느 쪽을 향하는지도 관찰해 본다. 가시가 뻗은 방향이 위쪽일까? 아래쪽일까?

아래쪽이다. 왜 아래쪽을 향해 가시가 돋아 있는지 아이들에게 상상하게 한다. 여러 가지 이야기를 나누면서 갈퀴덩굴이 살아가는 모양을 좀 더 자세히 관찰하도록 안내한다. 덩굴식물은 다른 자연물을 친친 감고 올라간다. 덩굴식물의 덩굴손이 맨 위에 있고 가시가 아래쪽을 향해야만 다른 식물을 감고 위로 올라가기가 쉽다.

또 다른 이유도 생각해 본다. 자연의 세계는 먹이활동이 치열하다. 식물들의 천적은 식물을 먹는 생물이다. 따라서 풀들에게는 애벌레 같은 곤충이 천적이다. 애벌레가 잎을 먹어치우면 식물은 광합성을 하지 못해 자라지 못한다. 잎을 보호하기 위해 갈퀴덩굴은 가시를 아래쪽으로 뻗어 애벌레의 접근을 막으려고 하는 것이다.

작은 풀이지만 살아남기 위한 전략이 놀랍다. 아이들이 갈퀴덩굴의 생존 전략을 느낄 수 있도록 이야기해 주고 갈퀴덩굴에게 인사를 한 뒤 자리를 이동한다.

이 세상에 쓸모없는 풀은 없다. 자연의 어떤 생명체도 소중하지 않은 것이 없다. 사람의 잣대로, 사람의 이용 가치에 따라 잡초라고 부르는 것을 이젠 그만 둬야 하지 않을까?

냉이는 봄에 흐드러지게 피어난다. 그야말로 봄의 대표 식물이다. 냉이가 겨울 추위를 견디고 땅 위로 올라온 모양을 관찰해 보면, 잎들이 방석처럼 펼쳐져 있는 것을 볼 수 있다. 앞에서도 설명했듯이 여러해살이풀이 겨울을 나기 위한 생존 전략이 바로 이

[그림5] 갈퀴덩굴의 줄기에는 까칠까칠한 하얀 가시가 나 있다.

방석형인 로제트 전략이다. 로제트형의 냉이 잎을 루페로 관찰해 보면 보송보송 털이 잎자루에 나 있다. 로제트형 식물 관찰은 아이들의 생태 교육 프로그램으로 매우 효과적이다. 우리가 겨울에 따뜻한 옷을 입듯이 식물도 털옷을 입고 추위를 견디는 것이다. 작은 풀을 보며 아이들은 우리가 사는 모습과 비슷함을 깨닫고, 식물에게서 경이로운 생명을 느끼게 되는 것이다. 냉이의 줄기가 올라오면서 열매를 맺는 모습도 재밌다. 열매 모양도 관찰하고 냉이의 냄새도 맡아 본다.

관찰형 프로그램에 이어서 냉이국 끓여 먹기를 진행할 수도 있

[그림6] 냉이의 잎이 땅 위에 방석처럼 펼쳐져 있다. 추위를 견디기 위한 냉이의 생존 전략이다.

[그림7] 이름이 재밌는 뽀리뱅이(박조가리나물)의 로제트. 추위를 견디기 위해 잎줄기에 하얀 털이 보송보송 나 있다. 뽀리뱅이는 민들레보다 작은 노란 꽃을 피운다.

다. 오감형 프로그램처럼 냄새와 맛을 보는 활동도 가능하다. 프로그램의 유형은 이해하기 쉽고 지도하기 쉽게 분류한 것이라, 한 가지 식물에 한 가지 프로그램만 진행해야 하는 것은 아니다. 관찰형으로 지도한 후 오감형, 생태 표현형에 속하는 프로그램을 연계하여 진행할 수 있다. 내용에 따라 프로그램을 융합하여 활용할 수 있도록 연구하고 노력해야 한다.

민들레는 어디서나 볼 수 있는 초본(풀)이다. 적응력이 강해서 바위틈, 콘크리트 틈새 어디서나 약간의 흙만 있으면 뿌리를 내리고 생존한다. 종족 번식력도 뛰어나 작은 홀씨가 가지 못하는 곳이 없다. 강한 태풍 속에서도 자신의 씨앗을 퍼뜨린다. 민들레

[그림8] 털이 보송보송 나 있는 뽀리뱅이가 꽃대를 올려서 작고 예쁜 노랑꽃을 피웠다.

꽃은 한 송이가 아니라 수백 개의 꽃이 모여서 뭉친 다발이다. 꽃한 송이에 하나의 씨앗이 맺히듯 민들레는 한 다발의 꽃에서 수백 개의 씨앗이 만들어진다. 게다가 씨앗 하나마다 낙하산 같은털이 있어 멀리까지 날아갈 수 있다. 그만큼 번식력이 높다. 민들레는 사람의 입장에서 보아도 정말 좋은 식물이다. 꽃과 잎, 뿌리, 어느 것 하나 버릴 것 없이 식용한다. 요즘은 민들레에 항암효과가 있다고 알려지면서 채취하는 사람들이 늘고 있다. 민들레의 번식력이 아무리 뛰어나다고 해도 사람들의 욕심 앞에 견뎌낼지 걱정된다.

　그런데 일편단심 민들레란 말은 어디서 유래되었을까?

　옛날에 민들레라는 아가씨가 살았는데, 결혼을 하고 행복하게 살다가 낭군이 전쟁터에 나가게 되었다. 결국 낭군을 목 놓아 기다리다 죽었는데, 그때 낭군을 기다리며 밟고 다니던 길에 하얀 민들레가 피었다고 한다. 다른 꽃들의 설화와 내용과 구성이 거의 비슷하다. 식물생리학적으로 민들레의 일편단심이란 이렇다. 토종 민들레의 꽃은 흰색과 연노란색인데 서양 민들레에 비해 번식이 까다롭다. 토종 민들레는 서양민들레와는 수정을 하지 않는다. 토종 민들레끼리만 수정하기 때문에 번식력이 약해 도심에서는 거의 보기 어렵다. 우리가 보는 민들레는 대부분 서양 민들레다. 토종 민들레의 이런 까칠한 번식 생리에서 일편단심이란 말이 유래한 것 같다. 생태 교육을 하는 입장에서는 서양 민들레와 토종 민들레를 구분하여 교육하는 것은 바람직하지 않다. 어차피 이제는 우리나라에서 같이 사는 생명체이므로 모두 우리와 한 가족이라고 봐야 한다. 자연에서는 국적을 구분하지 않기 때문이다.

루페로 관찰하며 민들레를 알아 가는 활동이 관찰형 프로그램이다. 생태 교육 현장에 민들레의 개체 수가 많으면 꽃대를 잘라서 민들레 피리를 불어 보는 활동도 재밌다. 민들레 씨앗을 입으로 불어 도착 지점까지 가는 모둠별 릴레이 게임도 하고, 씨앗을 불면서 아이들 각자의 소원을 실어 보내는 프로그램도 진행할 수 있다. 친구나 선생님, 부모님께 하고 싶은 말 한 가지를 말하며 씨앗 날리기 활동도 좋다.

나무(목본)와 풀(초본)의 차이를 알 수 있는 프로그램을 진행

[그림9] 벽돌과 시멘트 틈새를 뚫고 올라온 민들레. 끈질긴 생명력이 놀랍다. 방석처럼 둘러
싼 로제트 모양의 잎 형태를 꽃이 질 때까지 유지한다.

[그림10] 토종 민들레는 꽃잎을 받치고 있는 꽃받침이 위를 향해 있다. 꽃받침이 밑으로 내려
가 있으면 서양 민들레다. 꽃의 색깔도 토종 민들레가 연하다.

[그림11] 서양 민들레는 꽃받침이 아래쪽으로 향해 있다.

해 본다. 사실 아이들은 풀과 나무를 구분하는 것에 관심이 없다. 모두 다 식물로 보이기 때문이다. 그러나 만 5세 정도 되면 나무와 풀이 어떻게 다른지 알아차리도록 지도하는 것도 필요하다. 생태 교육이 단지 식물에 대한 지식과 정보를 전달해 주는 과정이 아니기 때문에 프로그램을 기획할 때 아이들의 발달단계별 인지 수준을 고려해 나무와 풀이 살아가는 방식에 대해 비교할 수 있도록 지도한다. 식물이 생장하며 보여 주는 다양한 모습을 통해 아이들은 자연의 경이로움을 깨닫게 되는데, 이것이 바로 생태 교육의 목적이다.

아이들 수준에서 나무와 풀의 차이를 이해하기 위해서는 겨울철 나무와 풀의 모습을 보여 주는 것이 필요하다. 나무는 나뭇잎을 떨어뜨리고 나서 줄기 그 자체로 겨울을 보낸다. 그러나 풀은 가을이 지나 겨울이 오면 줄기가 시들어 없어진다. 두해살이 이상의 풀들은 뿌리만 살아남아 겨울을 이겨내고는, 봄이 되면 그 많던 씨앗 중에 아주 적은 수의 씨앗만 새순을 돋는다. 풀들이 씨앗을 그토록 많이 날리는 것은 생존 확률이 그만큼 낮기 때문이다. 이렇듯 어렵게 태어난 풀들이므로 봄은 생명의 빛을 더해 준다. 한 해만 살다 가는 풀을 한해살이풀이라고 부르고 2년을 사는 풀을 두해살이풀이라고 부른다. 풀 중에는 민들레나 국화처럼 여러해살이풀도 있는데, 뿌리가 죽지 않고 겨울을 나 봄이 되면 다시 새 잎을 만들고 꽃을 피운다.

나무와 풀은 겨울철에 확연히 구분되기 때문에 아이들 스스로 겨울철 나무와 풀을 관찰하면 이를 알아차릴 수 있다. 나무는 줄기로 겨울을 나지만 풀은 겨울이 되면 줄기가 말라 죽기 때문에 겨울에는 풀의 줄기를 볼 수 없다. 나무는 풀에는 없는 나이테가 있다. 부피 생장을 하기 때문이다. 봄과 여름이면 줄기의 부피가 자라고 겨울이면 생장을 멈추기 때문에 나이테가 만들어지는 것이다. 나무의 나이테를 보면 나무의 생장 과정을 알 수 있다. 자라면서 겪었던 상처도 알 수 있고, 해마다 얼마나 자랐는지도 알 수 있다.

나무인지 풀인지 구분이 잘 안 가는 식물도 있다. 우리 아이들도 알고 있는 대나무다. 대나무는 독특한 식물이다. 나무 같지만 나무가 아니고 풀 같지만 풀이 아니다. 우리는 대나무를 나무로

[그림12] 개나리의 겨울눈이 노란색 꽃으로 변신하고 있다. 추위를 견딘 생명의 경이로움이 느껴진다.

알고 있다. 그래서 대나무 관찰도 재밌는 관찰 학습이 된다.

다음의 시는 '물, 돌, 소나무, 대나무, 달'이라는 다섯 가지 자연의 친구에 대해 노래한 조선 시대 문인인 고산 윤선도의 〈오우가〉 중 대나무에 대한 시구다.

나무도 아닌 것이 풀도 아닌 것이
곧기는 뉘가 시켰으며 속은 어이 비었는가.
저렇게 사시에 푸르니 그를 좋아하노라.

'나무도 아닌 것이'란 대목에서 짐작할 수 있듯이 대나무는 나무가 아니라고 볼 수 있다. 나무가 아니라고 주장하는 이유는 이렇다. 첫째 대나무에는 나무처럼 형성층이 없다. 형성층이란 나무가 부피 생장을 하면서 줄기가 굵게 자라는 부분을 말한다. 나무는 줄기 안에 형성층이 있어서 나무가 자란 부분과 자라지 않는 겨울에 띠처럼 표시되어 나이테가 만들어진다. 사계절이 없이 자라는 열대지방의 나무를 제외하고는 대부분의 나무는 나이테가 뚜렷이 보인다. 그런데 대나무에는 나이테가 없다. 속이 비어 있다. 다른 하나는 뿌리와 줄기의 구조가 나무와 다르다. 대나무를 보면 하나하나가 모두 별개로 보이지만, 뿌리를 보면 여러 개의 대가 땅 속에서 옆으로 뻗는 지하경으로 연결되어 있다. 대나무는 죽순이 자라서 커진다. 대나무의 크기나 굵기는 나무처럼 여러 해 동안 자라서 만들어지는 게 아니다. '우후죽순'이란 말이 있듯이, 봄철에 비가 촉촉이 내리고 나면 대나무밭의 여기저기에 수많은 죽순이 머리를 내미는데, 땅 밖으로 고개를 내민 죽순을 내버려 두면 불과 며칠 사이에 커다랗게 자란다. 하루에 60cm나 자라기도 한다. 그렇다고 풀이라고 하기에는 다른 특징도 가지고 있다. 오랜 세월을 살면서도 여러해살이풀처럼 뿌리로 동면을 하지 않는다. 결국 풀도 나무도 아닌 특징을 가진 대나무는 대나무만의 독특한 특징을 지닌 식물이다.

식물 분류 체계상으로는 벼목 볏과에 속하는 풀이라고 한다. 길이가 약 30m까지 자라는 대나무, 정말 독특하다. 주변에 죽순을 관찰할 수 있는 장소가 있다면 죽순과 대나무의 모습을 관찰

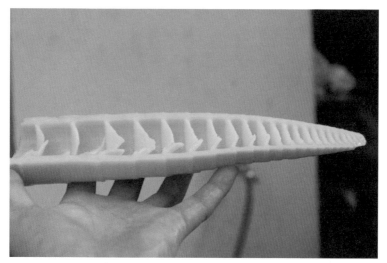

[그림13] 대나무의 죽순을 길이대로 반으로 잘라 본 모습. 나무와 다르게 나이테가 없다.

하면서 대나무가 다른 나무들과 다름을 이해하게 될 것이다.

나무가 풀과 다른 점 중 하나로 겨울을 나기 위해 만든 멋진 눈이 있다. 겨울눈이다. 겨울눈은 봄이 되면 꽃이 되기도 하고 잎이 되기도 한다. 겨울눈은 정말 경이롭다. 작은 봉오리 안에 꽃과 잎이 숨어서 겨울을 나고는 봄이 되면 연두색 잎을 내보이거나 노란 꽃이나 하얀 꽃으로 피어나는, 마술 같은 신비함을 보여 준다. 나무마다 겨울눈의 모양은 다르다. 개나리, 진달래, 철쭉, 찔레처럼 관목(키 작은 나무)은 아이들과 관찰하기 수월하다. 참나무 종류의 나무들도 아이들 눈높이에 있는 어린 나무들이 많아서 관찰하기 쉽다. 나무의 겨울눈을 관찰하고 나서 봄이 오면 겨울눈이 어떻게 변신하는지 정기적으로 살펴보는 것이 좋다. 아이들은 나

[그림14] 목련의 겨울눈이 털옷을 한 꺼풀 벗어내고 있다. 하얀 목련 꽃이 아름답게 기지개를 펴는 모습이 기다려진다.

무가 추운 겨울을 이겨내고 자기 모습을 꾸미는 것을 보면서 생명을 느끼게 된다.

2. 생태 표현형

자연물을 이용해 꾸미고 만들고 표현하는 활동이라고 할 수 있

에코 산책
생태 교육

다. 자연을 소재로 무엇인가를 만들어 내는 창작 활동으로서 예술적 활동이라고 할 수 있으며 생태 미술, 생태 조형, 염색, 생태 동극 발표, 동시 짓기 등이 이에 속한다. 이 활동에는 낙엽 그림책 만들기, 자연물로 만든 악기 연주하기(풀피리 등), 시집 만들기, 새를 부르는 피리 만들기, 나뭇가지나 잎으로 곤충 만들기, 천연 염색, 나뭇잎을 이용한 다양한 생물 표현하기, 생태 주제로 동극 꾸며서 발표하기, 동시 이어 쓰기 등이 있다.

자연물을 활용한 재밌는 표현 활동

아이들에게 가장 재밌는 공작 활동은 아무래도 로봇 조립하기나 자동차 조립하기, 인형 만들기일 것이다. 이러한 아이들의 취향을 완전하게 바꿔 놓지는 못하겠지만 자연에도 만들 것이 많다는 것을 아이들이 직접 체험을 통해 깨닫게 하는 것이 생태 표현형 활동의 영역이다. 만들기 활동에 사용하는 식물은 주변에서 흔히 볼 수 있으면서 개체 수가 많은 식물이 좋다. 개체 수가 한정된 식물을 채취하여 이용하는 것은 바람직하지 않다. 다른 아이들도 볼 수 있도록 배려하는 마음으로 개체 수를 보전하는 것이 생태 교육에 임하는 자세이기 때문이다. [그림15], [그림16]에서 보여 주는 부들이나 갈대처럼 개체 수가 많아서 일부 채취해서 활용해도 되는 식물을 이용하는 것이 바람직하다는 말이다.

[그림15] 부들로 바람개비를 만들어 돌려 보자.

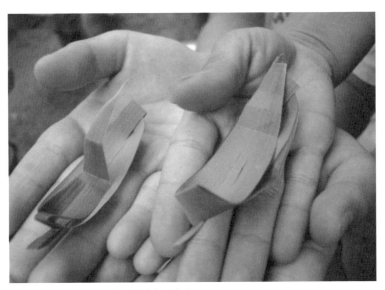

[그림16] 갈대 잎 배 만들어 물에 띄워 보내기

자연물로 나만의 혹은 우리 가족 표현 활동

바람개비나 나뭇잎 배처럼 정해진 모양을 만들어 보는 활동보다 창의적 자연물을 꾸미는 활동이 있다. 종이에 풀과 가위, 접착제나 스카치테이프를 사용해 자신이 표현하고 싶은 모양을 자연물로 꾸며 보는 활동이다.

가족이 함께하는 경우에는 활동 과정이 자연스럽게 아이들과 부모 간 소통하는 시간이 된다. 자연물을 이용한 꾸미기 활동을 통해 유대감이 깊어지는 시간이 되는 것이다. 아이들과 부모가 상의하면서 표현할 대상을 정하고 함께 꾸며 보는 시간은 아이들에게 창의적 기회도 제공하고 작품을 발표하며 성취감도 느낄 수 있게 해 준다.

[그림17] '내가 만든 나만의' 작품 발표하기를 통해 아이는 자신감이 높아진다.

[그림18] 바닷가에서 주운 조개껍데기에 네임펜으로 그림을 그리고 구멍을 뚫어 목걸이를 만들었다.

[그림19] 나뭇잎을 대고 손수건을 두드리면 예쁜 나뭇잎 염색 손수건이 된다.

자연을 품은 몸짓

사람들은 흔히 말로써 자신을 표현한다. 말이 의사를 전달하는데 가장 효과적인 수단인 것만은 분명하다. 그러나 말 대신 몸짓으로도 표현할 수 있다. 수화가 그런 방법이다. 말이 아닌 몸짓으로 자기 생각이나 사물을 표현하는 것은 오감을 발달시키는 좋은 방법이다. 왜냐하면 표현하고자 하는 주제나 사물에 대해 자세하게 알지 못하면 표현하기가 어렵기 때문이다. 자연물을 몸짓으로 표현할 수 있다는 건 그만큼 해당 자연물에 대해 잘 이해하고 있다는 뜻과 같다. 자연물과 가까워지는 활동으로 몸짓으로 표현하는 활동을 해 보자. [그림21], [그림22]는 아빠들과 아이들이 함께 모둠을 만들어 자기들만의 꽃을 표현하고, 교사들이 아이들이 체험할 표현 활동을 사전 연수 교육을 통해 실습해 보는 장면이다.

몸이 좋아하는 천연 염색

환경 질환이라고 불리는 아토피와 같은 피부병 때문에 고생하는 아이들이 매우 많다. 이런 아이들은 피부에 가급적 자극이 덜한 옷을 입히는 것이 좋다. 아무래도 식물의 즙으로 염색한 옷이라면 피부 자극이 덜할 것이다. 염색을 하면서 옷이나 수건에 배어 나오는 색깔을 보는 재미와 아울러 염색에 활용되는 식물의 특성도 이해하게 된다.

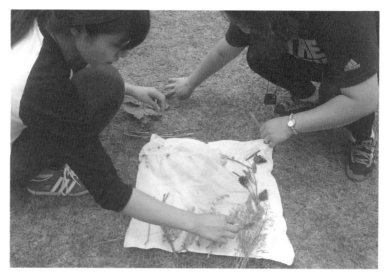

[그림20] 커다란 흰색 천을 이용하는 것은 자연물 작품을 꾸미고 난 뒤에 다시 제자리로 돌려놓기에 적절하기 때문이다. 풀과 가위가 필요 없다. 현장에서 즉석으로 꾸미고, 마치고 나면 다시 원래대로 돌려놓으면 끝! 모둠별로 작품을 만드는 활동을 통해 사회성과 소통 능력이 향상된다.

[그림21] 아빠와 함께 온몸으로 꽃 표현하기

[그림22] 생태 교사 연수: 온몸으로 나무 표현하기

3. 오감형

오감형은 말 그대로 오감을 활용하는 체험 방식이다. 사실 생태 교육 오감형 프로그램이라고 볼 수 있지만 오감을 특별하게 강조하기 위해 오감형 프로그램 유형으로 세분화해 보았다.

후각을 이용한 프로그램

생강나무 특유의 냄새를 활용한 오감형 프로그램의 진행 방법

[그림23] 식물을 이용해 면 티셔츠에 염색을 해 본다. 치자나 회화나무 열매의 즙으로 천을 염색하면 노랗게 된다.

을 제시해 본다.

생강나무의 밑가지에 있는 잎을 따서 조그맣게 찢고는 손으로 비벼 냄새를 맡아 본다. 아이들에게 냄새를 맡고 나서 느낌을 발표하게 하고, 서로 공감하도록 지도한다. 생강나무 잎의 냄새가 아이들이 생강나무와 가까워지도록 도와준다.

누리장나무의 냄새도 특이하다. 1960~80년대에 어린 시절을 보낸 이라면 아마도 친숙한 냄새일 것이다. 당시에 '원기소'라고 부르는 어린이 영양제가 있었다. 형편이 어려웠거나 농촌에서 자랐다면 접할 기회가 많지 않았을 테지만 그 시절 유행했던 영양제라서 그 맛을 본 분이라면 잊히지 않을 냄새이다. 누리장나무의 잎에서 나는 냄새가 '원기소'에서 나는 냄새와 매우 흡사하다. 누리장나무는 나무 특유의 냄새와 그 냄새나는 잎의 쓰임새로 인해 이름이 붙여진 경우인데, 이 냄새는 옛날에 어디에 쓰였을까? 우리 아이들이 재래식 화장실을 경험할 기회가 거의 없기 때문에, 누리장나무 잎이 재래식 화장실의 냄새를 정화하고 재래식 화장실에서 파리애벌레(구더기)의 번식을 막는 데 이용됐다고 설명해 줘도 이해하기는 쉽지 않을 것이다. 아이들이 재래식 화장실을 겪어 봐야 이해가 쉽다. 요즘은 농촌에 가도 재래식 화장실이 많이 없어서 누리장나무의 진가(?)를 알아차리기 어렵다. 누리장나무의 잎은 또 하나의 중요한 이용처가 있었는데, 잎이 폭신하고 부드러워서 용변을 본 후 종이 대신 밑씻개로 사용했다고 한다. 산이나 들판에서 갑자기 용변이 마렵고 종이가 없다면 누리장나무를 애용하면 된다.

청각 이용 프로그램

도심 한가운데 주거 지역에서 들리는 소리와 도시공원에서 들리는 소리가 다르다. 그래서 필자는 아이들을 데리고 도시공원에 가서, 조용히 앉아 각종 새소리를 비롯해 여름이면 매미소리, 나뭇잎이 바람에 날리는 소리, 나뭇가지가 부딪히는 소리, 바람이 내는 소리, 나뭇잎을 밟는 소리들을 들을 수 있게 아이들을 지도한다. 앞에서 뒤에서 왼쪽에서 오른쪽에서 어떤 소리가 들리는지 조용히 앉아서 들어 보도록 한다. 사방에서 나는 소리의 종류를 상상해 보며 소리 듣기 명상을 한 후에는 표현이 가능한 아이들은 종이에 '소리지도'를 그리게 한다. 소리지도에는 동서남북 네 방향을 표시해서 아이들이 소리의 모양을 자기 마음대로 그려 보도록 한다. 부호로 표기해도 좋고 사물 모양을 그대로 그려도 좋다. 마지막으로 각자 들은 소리의 느낌을 말로 흉내 내게 지도한다. 청각 체험을 통해 아이들의 감각이 발달하고 감수성이 부쩍 느는 것을 볼 수 있다.

나무 친구 물먹는 소리 듣기

이 프로그램은 청진기를 이용해 진행하면 효과가 높다. 만 3세 이하의 아이들을 대상으로는 청진기를 이용해 진행하기가 어려우므로 그냥 나무에 귀를 대고 해도 괜찮다. 나무가 뿌리로 물을 먹는 소리를 연상함으로써 나무 역시 살아 있는 생명체라는 것을 깨닫게 하는 프로그램이다. 주변에서 흔히 볼 수 있는 나무가 우리에게 얼마나 소중한 존재인지 깨닫게 하려면 말로 설명하기보다 아이들 스스로 나무가 우리처럼 물도 먹고 살아가고 있다는 것을 알아차리게 하는 것이 필요하다. 우리 사람과 같이 생명이 있는 나무로 느껴지게 함으로써 나무와 가까워지고 스스로 나무에 대한 애정을 가지도록 유도하는 프로그램이다.

[그림24] 생강나무 잎. 마치 오리발처럼 생겼다.

[그림25] 누리장나무의 잎. 영양제의 하나인 '원기소' 냄새가 난다고 했더니 젊은 엄마들은 그게 무슨 냄새인지 잘 모르겠다고 말했다.

촉각 활용 프로그램

도시공원에 가면 잔디나 흙길로 된 곳이 많다. 사전 답사를 통해 아이들이 다칠 만한 장애물이 없는 곳을 체험 교육 장소로 선정한다. 사람들이 버리고 간 쓰레기 중에 깨진 병 등 위험한 물건은 없는지 체험 대상지 땅바닥을 자세히 살펴본다. 맨발로 땅 걷기 프로그램을 진행하기 위한 사전 준비 과정이다.

맨발로 땅 걷기는 건강에도 좋고 자연에서 흙의 소중함을 깨닫게 하는, 촉각을 이용한 오감형 프로그램이다. 신발을 신고 땅을 밟을 때와 맨발로 땅을 밟을 때의 차이를 알아차리게 지도한다. 맨발로 걷게 되면 매우 조심스러워지고 발에 닿는 느낌이 생생하게 전해진다. 온 신경이 발에 집중하게 된다. 맨발 체험은 눈을 뜨고 걷는 체험으로 진행하기도 하고, 눈가리개로 눈을 가리고 모둠별로 한 줄 기차를 만들어 앞사람의 어깨에 두 손을 올리고 걷는 방식으로 진행하기도 한다.

아이들은 눈으로 보지 않고 걸을 때의 느낌과 눈을 뜨고 걸을 때의 느낌이 다르다는 것을 깨닫게 된다. 어떤 느낌인지 아이들에게 이야기해 보도록 지도한다. 이 프로그램은 우리가 눈으로 볼 수 있는 것이 얼마나 고마운 것인지 알게 하고, 보지 못하는 장애를 가진 사람들의 어려움을 직접 체험해 보는 장애 체험도 된다.

자연에는 정말 느리게 생활하는 동물들이 많다. 그중에는 애벌레도 있다. 애벌레의 살아가는 생리를 눈 가리고 맨발 걷기를 통

■ 소리지도 만들기

조용히 숲 속의 소리를 들어봐요. 여러 가지 소리를 들을 수 있습니다.
어떤 소리가 들리나요? 어디에서 들리나요? 소리지도를 그려볼까요?

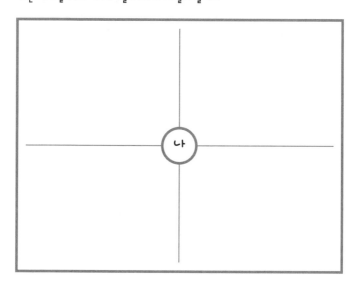

눈으로는 보이지만 소리로는 느끼지 못한 것은 어떤 것이 있나요?

소리로는 들리지만 눈으로는 보이지 않는 것은 어떤 것이 있나요?

자연의 소리와 인공의 소리 중 어느 소리가 더 많이 들렸나요?

[그림26] '소리지도' 만들기

해 알아차리게 된다. 우리도 애벌레처럼 천천히 느리게 살아간다
면 어떨까 상상해 보게 한다. 서로 빨리 가려고 다투지 않고 조금
씩 양보하면서 살아가는 것이 서로에게 좋지 않을까 생각해 보는

[그림27] 아이들이 청진기로 나무가 물먹는 소리를 듣고 있다. 이 프로그램을 통해 아이들은 나무가 살아 있음을 깨닫는다.

[그림28] 맨발로 숲길 걷기. 학부모들이 맨발로 숲길을 걷고 있다. 학부모들과 도시 숲 체험 과정에서 시행한 프로그램이다.

[그림29] 맨발로 땅 걷기. 생태 교육 연수에 참가한 교사들이 맨발로 잔디 위를 걸어가고 있다.

[그림30] 아이들이 맨발로 잔디 위를 걷고 있다. 눈을 뜨고 걷다가 눈가리개로 눈을 가리고 걸으면 전혀 다른 느낌이 다가오면서 오감이 살아난다.

시간도 갖는다. 보지 못하거나 몸이 불편한 친구들에게 어떻게 해야 하는지 생각해 보는 시간도 갖는다. 이 프로그램은 걷기 명상 프로그램으로 응용하여 진행할 수도 있다.

미각 활용 프로그램

아이들이 좋아하고 잘 알고 있는 식물 중에 토끼풀이 있다. 토끼풀로도 다양한 활동을 할 수 있는데, 잘 알려진 활동이라서 여기서는 생략하고 토끼풀과 비슷하게 생긴 괭이밥을 활용한 활동을 소개하겠다. 괭이밥과 토끼풀은 비슷하지만 자세히 보면 많이 다르다. 잎이 세 갈래로 갈라진 모습은 세 잎 클로버와 비슷하지만 잎의 모양이 다르다. 잎 하나하나가 하트 모양이다. 꽃도 다르다. 토끼풀이 하얀색 꽃을 피우는 반면 괭이밥은 노란색 꽃을 피운다. 잎을 관찰하고 꽃을 관찰하는 활동과 아울러 괭이밥은 맛보기 활동에도 적합하다. 괭이밥 잎을 먹어 보면 신맛이 난다.

도시공원에서 맛보기 프로그램을 진행할 때는 아무래도 먼지나 오염 물질을 생각하지 않을 수 없다. 물에 살짝 씻어서 맛보는 것이 좋다. 제초제 등 약을 치지 않는 곳이라면 잎 한둘 맛보아도 크게 해롭지는 않으므로 장소의 상황에 맞게 준비하면 된다. 괭이밥을 맛본 후에는 괭이밥의 하트 모양처럼 생긴 잎을 나누어 주면서 "사랑해, ○○." "사랑해요, 선생님." 하고 서로 인사를 건네게 하며 상호 유대감 형성 프로그램으로 연계하여 진행하는 것

[그림31] 괭이밥의 잎과 꽃. 얼핏 보면 토끼풀과 비슷하지만 잎의 모양이 다르다. 괭이밥 잎은 하트형이다. 꽃도 토끼풀은 흰색인 데 비해 괭이밥은 노란색이다.

도 좋다. 괭이밥의 신맛을 느끼며 괭이밥의 특징을 오감으로 느끼게 하는 프로그램이다. 맛보기 활동에 적합한 식물로는 이외에도 애기수영, 까치수영, 여뀌 등이 있다.

염생 습지에서 미각 체험 활동을 할 수 있는 식물로는 칠면초가 대표적이다. 앞에서도 설명했지만, 사계절 동안 일곱 가지 색깔로 변하는 칠면초는 소금기를 머금고 있어 짭조름한 맛이 난다. 칠면초의 맛을 보며 염생 습지에 사는 식물들의 생리를 이해할 수 있다. 사람도 사는 곳에 따라 살아가는 모습이 다르고 먹는 음식

[그림32] 산딸나무 가지에 잘 익은 열매가 먹음직스럽게 달려 있다. 열매 모양이 딸기를 닮았다고 해서 산딸나무라고 불린다. 빨갛게 익은 열매는 달콤한 시럽 맛이 난다.

도 다르듯이, 식물 역시 사람처럼 다양한 모습과 특징을 가지고 있다는 것을 알아차리게 하는 활동이다. 생태 교육 활동은 생태 그 자체의 지식과 정보만을 전해 주기 위해 하는 활동이 아니다. 자연과 나와 관계를 형성하고, 생물들이 살아가는 모습을 통해 생물들 역시 우리와 함께 살아가는 소중한 존재라는 사실을 깨닫게 하는 것이 목적임을 잊지 말아야 한다.

4. 생태 놀이형

생태 놀이형 프로그램은 어디에서든 진행할 수 있는데, 주로 생태 교육 프로그램의 도입 단계나 전개 과정에 유용한 방식이다. 처음 시작할 때 참여자들끼리 분위기를 즐겁고 신나게 만들어 주는 레크리에이션 요소가 포함된 프로그램 유형이기도 하다. 예를 들면 참여자 상호 간의 인사 나누기를 효과적으로 할 수 있는 나눔 놀이, 친화력을 향상시켜 주는 관계 형성 프로그램, 자연물을 이용한 게임식 진행 방식이 포함된다. 프로그램으로는 솔방울 던져 반환점 돌아오기, 먹이사슬 꼬리 자르기, 숲속의 보물찾기, 박쥐와 나방 같은 천적 놀이 등이 있다.[1]

지도 방법 예시 1: 박쥐와 나방

생태 교육 현장에서 많이 활용하고 있는 생태 놀이형 프로그램 중 하나이다. 박쥐와 나방이라는 천적 관계를 이용해 먹이사슬의 구조와 이들이 사는 환경을 알게 하는 내용이다. 박쥐와 나방 프로그램을 진행하기 위해서는 교사의 기술적 노하우가 필요하다. 어린아이들은 교사의 지도에 따라 일사불란하게 움직이지 못

---

1. 생태 놀이형 프로그램을 보급하는 데 공헌한 분은 자연나눔연구소 장상욱 소장이다. 이분은 1979년 미국의 자연 교육자인 조셉 코넬(Joseph B. Cornell)이 고안한 활동 놀이인 자연 나눔 (원제 Sharing Nature with Children) 프로그램을 번역하여 우리나라에 보급하였다.

하기 때문에 시작과 전개 마무리로 프로그램 진행 단계를 구성하고, 아이들이 놀이 규칙을 이해하기 쉽게 단계를 나누어 진행하는 것이 필요하다.

시작 단계인 도입 부분에서는 아이들의 호기심을 이끌어 내고 집중력을 높여 주는 활동이 필요하다. 예를 들면 프로그램 진행 전의 도입 활동으로서 동물 이름 알아맞히기 게임을 할 수 있다. 아이들에게 이름을 알면 조용히 말하지 말고 코에 손을 올리게 지도한다. 동물의 힌트를 한 가지씩 말해 준다. 다람쥐를 예로 들어 보자.

첫 번째 힌트로 "나는 꼬리가 몸통 길이보다 깁니다."라고 말해 준다. 두 번째 힌트로 "나는 다리가 네 개입니다."라고 말해 준다. 이 대목까지는 코에 손을 올려놓는 아이들이 거의 없다. 장난삼아 올리는 경우를 제외하고는 말이다. 세 번째 힌트로 "나는 등에 다섯 개의 줄무늬가 있습니다."라고 말해 준다. 네 번째 정도에서 결정적인 힌트를 준다. "나는 도토리를 좋아합니다." 이 대목에서 아이들은 거의 모두 코에 손을 올려놓는다. 교사가 "하나, 둘, 셋!" 하면 아이들이 생각하는 동물 이름을 다 같이 말하게 한다.

"박쥐가 먹는 먹이는 무엇일까요?"라는 질문을 통해 나방처럼 주로 밤에 활동하는 곤충을 말하게 유도하는 것도 중요하다. 이런 도입 프로그램을 통해 아이들은 박쥐와 나방에 대한 천적 관계를 이해하게 되는 것이다. 전개 과정에서 박쥐와 나방 게임을 진행하는데, 박쥐 역할을 할 아이들과 나방 역할을 할 아이들을

[그림33] 박쥐와 나방 놀이. 진행 교사는 박쥐가 나방을 잘 잡도록 원의 크기를 점차 좁혀 가면서 진행해야 한다. 점점 원이 좁아지면서 나방이 박쥐에게 모두 잡히도록 유도한다. 그래야 역할 회전이 빨라지기 때문이다. 박쥐 역할은 원하는 아이들을 모아 가위바위보로 공정하게 역할을 배정하는 것도 진행 노하우다.

[그림34] 아이들이 서로 박쥐가 되겠다고 하면 공정하게 기회를 주면서 진행하는 요령이 중요하다.

선별하고 나머지 아이들은 선별된 아이들 주변에 손을 잡고 원을 만든다. 이렇게 만든 원 안에서 눈가리개로 눈을 가린 아이가 박쥐 역할을 하고 나방 역할을 맡은 아이들은 원 안에서 박쥐에게 잡히지 않도록 도망 다니는 놀이이다.

박쥐는 초음파로 먹이의 위치를 파악하기 때문에 박쥐 역할을 한 아이는 입으로 박쥐의 초음파를 대신해 "박쥐, 박쥐." 하고 외치며 나방 역할을 하는 아이들을 잡으러 다닌다. 나방 역할을 맡은 아이들은 박쥐의 초음파 효과를 나타내기 위해 "나방, 나방." 하고 화답하면서 박쥐 역할 아이의 손에 닿지 않게 도망 다닌다. 박쥐 역할 아이는 "나방, 나방." 소리를 듣고 소리 난 방향으로 아이들을 잡으러 다닌다.

대부분의 아이들이 '박쥐', '나방' 소리를 잘 안 내며 다니기 때문에 진행자가 계속 소리를 내도록 지시하면서 진행한다. 진행 교사는 아이들 모두 역할에 맞게 놀이에 참여할 수 있도록 시간 관리도 잘해야 한다. 아이들이 서로 부딪쳐서 다치는 일이 없도록 잘 지도해야 한다.

지도 방법 예시 2: 솔방울 씨앗 찾기 놀이

아이들뿐만 아니라 교사나 부모들도 소나무와 솔방울은 흔히 보기 때문에 잘 알아도 소나무의 씨앗이 무엇인지는 잘 모른다. 솔방울을 소나무의 씨앗이라고 알고 있는 사람도 많다. 소나무의

[그림35] 솔방울 씨앗 찾기 놀이를 하려면 먼저 솔방울을 흰 손수건에 싸야 한다.

씨앗은 솔방울 속에서 날개를 달고 있는, 아주 작은 모양이다. 날개의 모양이 잠자리 날개를 닮은 것 같기도 하고 단풍나무의 날개 달린 씨앗을 닮은 것 같기도 하다. '솔방울 씨앗 찾기 놀이'는 소나무 씨앗의 생성과 번식 과정을 이해하기 위해 만든 프로그램이다.

솔방울 놀이는 여러 가지 방법으로 진행할 수 있다. 그중 하나를 소개하겠다. 먼저 아이들에게 주변의 소나무 밑에 떨어져 있는 솔방울들 중에서 가장 마음에 드는 솔방울을 한 개씩 주워 오게 한 후, 하얀 손수건에 솔방울을 잘 싸서 묶는다. 이때 풀어지지 않게 꽉 묶어야 한다. 아이들 다섯 명 정도를 한 모둠으로 하여 모둠을 나눈다. 반환점을 정한 후 모둠별로 반환점을 돌아오는 게임 방식으로 진행한다. 놀이 진행 방식은 아이들의 수준에

[그림36] 솔방울을 싼 손수건이 풀어지지 않도록 잘 묶는다.

맞게 준비해야 한다.

　이 프로그램에서 핵심은 게임이 끝난 후 어떻게 진행하는가에 달려 있다. 게임을 마친 후 솔방울을 싼 손수건 수에 맞게 아이들을 모이게 하여 손수건을 풀어 본다. 이때 아이들의 호기심을 자아내는 말과 행동이 필요하다.

　"자, 이제 우리 이 손수건 안에 무엇이 들어 있나 열어 볼까요? 무엇이 있을까?"

　손수건을 풀어지지 않게 꽉 묶어 놓았다고 해도 놀이 과정에서 던져지고 떨어졌기 때문에 솔방울이 부서져 있다. 부서진 솔방울 사이에서 소나무 씨앗을 찾도록 주문한다.

　"소나무의 애기 씨앗이 여기에 숨어 있는데 어디에 있을까? 우

[그림37] 솔방울 수건을 순번대로 원 안으로 던져 넣으며 반환점을 돌아온다.

리 친구들이 찾아볼래요?"

아이들이 이것저것 들어 보이며 씨앗이라고 주장하는 것을 지켜보다가 씨앗의 형태를 알려 준다. "잠자리 날개같이 생겼어요. 아주 작은 콩처럼 생긴 것에 작은 날개가 붙어 있네요."라는 식으로 힌트를 주면서 아이들이 스스로 찾을 수 있도록 유도한다.

아이들이 찾은 소나무 씨앗은 루페로 관찰한다. 루페로 관찰하면서 아이들에게 느낌을 발표하도록 지도한다. 이렇게 작고 귀여운 씨앗이 커다란 소나무로 자란다는 것을 아이들이 알아차리게 한다. 이 대목에서 마무리를 잘해야 한다. 생태 교육은 자연과의 관계 형성이다. 소나무도 우리 인간처럼 생명체이고 부모도 있다는 것을 알아차리게 하는 것이 프로그램의 핵심이다. 솔방울에서

[그림38] 솔방울 씨앗을 루페로 관찰한다. 교사들이 먼저 연수를 하면서 실습해 본다.

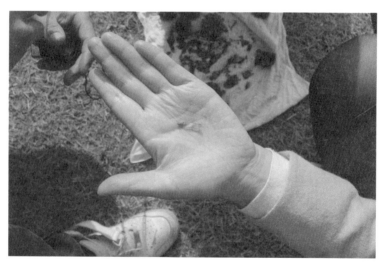

[그림39] 소나무 씨앗은 솔방울이 부딪혀야 떨어져 나오기 때문에 놀이 방식도 이렇게 결과
물 관찰이 용이하도록 진행한다.

떨어져 나온 씨앗이 어떻게 소나무가 될지를 상상하게 한다. 우리 사람처럼 자라지는 않지만 소나무 엄마도 애기 씨앗을 사랑한다는 것을 느끼게 해 주며 마무리를 하는 것이 필요하다.

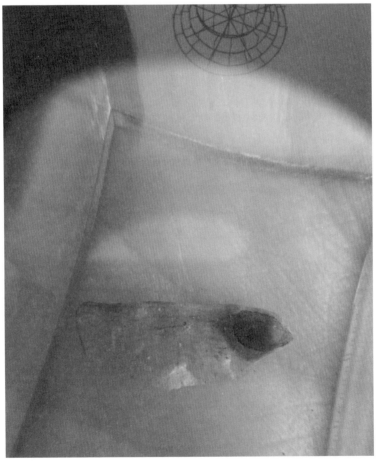

[그림40] 소나무 씨앗을 루페로 본 모습. 커다란 소나무도 이렇게 작은 씨앗으로부터 시작된다.

[표1] 생태 교육 프로그램 유형 분류

	적용 가능한 프로그램 내용
관찰 탐구형	• 관찰 활동: 새 관찰, 육상 동식물 관찰, 갯벌 해양 생물 관찰, 물속 수서곤충 관찰, 수생식물 관찰, 나무 도감 만들기, 나무껍질 탁본 등
	• 탐구 활동: 주제를 정해 자연물 다섯 가지 붙여 오기, 같은 것 찾아오기, 숲속 색깔 찾기, 나만의 보물 찾기, 서로 다른 잎 찾아오기, 작은 세계 탐험, 원 안의 자연물 관찰, 생태 퍼즐, 텃밭 가꾸기 등
생태 표현형	• 만들기: 낙엽 그림책 만들기, 자연물로 만든 악기 연주하기(풀피리 등), 시집 만들기, 새를 부르는 피리 만들기, 물고기나 새 만들기, 나무 목걸이·팔찌·화관 만들기, 나뭇잎 염색, 천연 염색 등
	• 발표하기: 도심 숲 생태 전시회, 이어서 시 쓰기, 소감 나누기, 생태 동극 발표회, 몸으로 자연물 표현하기(개별, 집단별)
오감형	• 후각: 생강나무·산초나무 냄새 맡고 느낌 공유하기, 누리장나무 잎 냄새로 상상해 보는 잎의 쓰임새 알아보기, • 청각: 숲속 자연의 소리 듣기, 숲속의 오케스트라, 청진기로 나무 물먹는 소리 듣기 • 촉각: 부들·환삼덩굴 만지고 느낌 공유하기, 맨발로 숲길 걷기, 눈 감고 내 나무 알아맞히기, • 미각: 괭이밥, 애기수영. 꿀풀, 씀바귀, 수수꽃다리, 칠면초, 퉁퉁마디, 나문재 등 맛보기 • 시각: 루페로 본 식물의 세계, 꽃의 형태와 구조, 왜 이런 모습을 하고 있을까 알아보기, 하늘 거울(다른 시각으로 자연 바라보기) • 상상력: 조용히 앉아 명상을 통해 자연의 기운 느끼기, 숲으로의 상상 여행 등
생태 놀이형	나눔 놀이, 상호 간의 관계 형성 프로그램, 자연물을 이용한 게임, 솔방울 던저 반환점 돌아오기, 생태계 놀이, 숲속의 보물찾기, 천적·먹이사슬 게임, 천적 카드 뒤집기 등

[표2] 염생 습지에서 적용 가능한 생태 교육 프로그램 유형

	프로그램 내용	준비물
관찰 탐구형	• 염생 습지에 사는 생물 관찰하기: 흰발농게, 붉은발 농게. 방게, 염생 습지에 오는 철새와 텃새 • 염생식물 관찰하기: 칠면초, 퉁퉁마디, 나문재. 갯개 미취, 갈대, 모새달, 기타	루페, 필드스코프, 손수첩, 물
	• 염생식물과 육상식물의 차이점 알아보기 • 나만의 보물찾기 • 빙고게임 • 토양 비교하기 • 생물 퍼즐	인쇄 종이 Sheet 개인 별 배분 루페, 손수건, A4 용지, 퍼즐
생태 표현형	• 칠면초 염색 작품 만들기 • 갈대 배 만들어 띄우기 • 염생 습지 생물 역할극 • 갈대와 방게, 갈매기 • 모새달과 갈대 등	도화지,손수건, 가위, 역할극 생물 머리띠
오감형	• 염생식물 맛보기 • 소금 기가 있는 곳과 없는 곳의 촉감 비교하기	
생태 놀이형	• 상호 관계 형성 프로그램: 염생 습지 지도 땅 위에 그 리고 눈 감고 릴레이, 염생 습지 지도로 주사위 놀이, 천적 카드 뒤집기 놀이	염생 습지 지도 그림, 주사위 놀이판 천적 카드

[표3] 도시공원과 도시 숲에서의 생태 교육 프로그램 유형

	프로그램 내용	준비물
관찰 탐구형	• 식물 특징 관찰하기: 소나무, 상수리나무, 갈참나무, 졸참나무, 신갈나무, 산수유나무, 생강나무, 산딸나무, 층층나무, 좀작살나무, 붉은병꽃나무, 쥐똥나무, 버드나무, 누리장나무, 산초나무, 팥배나무 등 • 곤충 특징 관찰하기: 노린재 종류, 애벌레 종류, 딱정벌레, 나비 등 곤충과 식물과의 관계 탐구	루페, 필드스코프, 물
	• 다양한 자연물 체험 및 특성 탐구: 식물 빙고, 같은 것 찾아오기, 숲 속 색깔 찾기, 나만의 보물 찾기, 서로 다른 잎 찾아오기, 작은 세계 탐험 등	종이 Sheet 개인별 배분, 루페, 손수건, A4 용지, 스카치테이프
생태 표현형	• 만들기: 낙엽 그림책 만들기, 나무 목걸이 만들기, 나뭇가지 곤충 만들기, 나뭇잎 천연 염색, 나뭇잎 동물 만들기, 나무 되어 보기, 생물 몸으로 표현하기, 나무에게 편지 쓰기, 나무와의 인터뷰, 생태 동극 등	도화지, 손수건, 가위
오감형	• 식물 맛보기: 신맛 나는 식물, 쓴맛 나는 식물, 단맛 나는 식물, 매운맛 나는 식물, 떫은맛 나는 식물 • 냄새로 느끼기: 누리장나무, 생강나무, 산초나무, 감국, 백당나무 등 • 시각 활용: 단풍 느끼기, 하늘 거울(다른 시각으로 자연 바라보기) • 촉각 활용: 맨발로 걷기 • 청각 활용: 열매 소리 알아맞히기, 청진기 이용해 나무 소리 듣기, 자연 소리 듣기, 바람춤, 뒹굴뒹굴 바닥 명상, 상상 속 숲속 여행(숲에 사는 동물이 되어 떠나는 상상 여행)	거울(개인당), 루페, 눈가리개 물통(식물을 씻을)
생태 놀이형	• 상호 관계 형성 프로그램: 나눔 놀이, 상호 간의 관계 형성 프로그램, 자연물을 이용한 게임, 솔방울 던져 반환점 돌아오기, 먹이사슬 꼬리 자르기, 숲속의 보물찾기, 박쥐와 나방 등	큰 손수건, 공, 눈가리개

[표4] 갯벌에서의 생태 교육 프로그램 유형

		프로그램 내용	준비물
관찰 탐구형		• 갯벌에 서식하고 있는 생물의 특징 관찰하기: 민챙이, 칠게, 길게, 밤게, 납작게, 동죽, 가무락, 바지락, 좁쌀무늬고둥, 서해비단고둥, 큰구슬우렁이, 갯우렁, 분지성게, 따개비, 담황줄말미잘, 해변말미잘, 왜홍합, 쏙, 맛, 개맛, 바다선인장, 가시닻해삼, 거미줄불가사리, 별불가사리, 아무르불가사리, 갯지렁이 등	갈아입을 옷, 수건
		• 갯벌은 어떻게 형성되었을까? • 갯벌 맨발로 걸으며 구간마다의 촉감 비교하기 • 갯벌 생물들은 집을 어떻게 지었을까? 어떤 모양일까? 집 모양으로 생물 알아맞히기 • 갯지렁이 집의 구조와 성분을 분석하고 갯지렁이 특징 이해하기 • 좁쌀무늬고둥의 갯벌에서의 역할 알아맞히기 • 큰구슬우렁이 집 탐구, 민챙이 집 탐구 • 따개비의 껍데기 구조로 본 생태적 특성 탐구	
생태 표현형		• 조개껍데기 목걸이 만들기 • 모래로 만드는 모래성, 갯벌 생물 표현하기 • 갯벌 생물들이 우리 인간에게 보내는 호소(연극) • 갯벌이 없다면 일어날 상황(모둠별로 돌아가며 이어 쓰기 혹은 극으로 표현) • 모둠별 온몸으로 갯지렁이 표현하기 • 모둠별 온몸으로 밤게, 좁살무늬고둥 표현하기	송곳(젓가락), 갯벌(해안가)에서 주운 조개껍데기, 색실(혹은 목걸이용 줄), 네임펜 (색깔 유성펜)
오감형		• 갯벌의 촉감 느껴 보기 • 갯벌 페이스 페인팅, 갯벌 바람 느끼기, 갯벌에서의 바람춤	
생태 놀이형		• 해안가에서 갯지렁이 꼬리잡기 놀이 • 갯벌 천적 먹이사슬 놀이(민챙이와 밤게, 갯지렁이와 갈매기): 물총, 색소 물 이용 • 갯벌 생물 릴레이(갯벌 생물 역할, 모둠별 반환점 돌아오기)	물총, 식용색소, 물, 갯벌 생물 이름표

5장

생태 교육 프로그램의 효과적인 기획

1. 생태 교육 프로그램의 기획 목적과 방향 설정

'왜 하는가?'에 대한 목적의식성

프로그램이란 집단이 합의한 목적을 실현하기 위해 순서를 짜고 예정한 계획을 수립, 실행, 평가하는 과정이다. 프로그램을 기획할 때 꼭 기억해야 할 몇 가지 조건이 있다. 현장에 있다 보면 평소에 알고 있는 것들도 잊어버리고 빠뜨리는 경우가 많다. 프로그램을 효과적으로 운영하기 위해서는 다음 사항들을 체질화하기 위한 꾸준한 노력이 필요하다. 그리고 자신에게 부족한 점이 무엇인지 정확히 파악할 수 있는 통찰력도 키워야 한다.

'왜 하는가?'에 대한 목적의식성이 일상적으로 몸에 배어 있어야 한다. 생태 교육과 관련해 기획된 프로그램의 질과 전문성을 결정하는 요소 중 가장 중요한 것은 교사의 전문적 시각과 접근 방식이다. 그 전문적 시각과 접근 방식의 시작에는 '왜?'라는 질문이 들어가야 한다. "우리는 왜 이 프로그램을 기획하는가?", "아이들은 왜 이와 같은 욕구를 갖고 있는가?", "아이들에게 이 활동은 어떠한 의미가 있는가?", "아이들에게 우리가 최소한으로 원하는 것은 무엇인가?" 등 본활동에 대한 배경과 목적에 대해 고민을 해야 한다. 만약 이렇게 고민하는 과정이 없다면 교사들의 노력은 의미를 잃고 아이들이 자연에서 했던 행사는 한낱 일회성으로 그칠 수 있다.

이러한 점을 고려할 때, 어떠한 프로그램을 기획하든 활동에 참여하는 사람들은 각자 '왜?'라는 질문을 던지고 함께 그 답을 찾으려고 노력해야 한다. 그런 과정을 통해 프로그램의 목적과 방향이 제대로 설정될 수 있어야 하는 것이다.

함께 소통하며 만드는 공동 작업이어야 한다

프로그램의 기획은 소통(커뮤니케이션)이기도 하다. 생태 교육이 자연과 아이들과의 관계를 형성해 주듯이 생태 교육과 관련한 프로그램을 기획하고, 또 그 프로그램을 실행에 옮기는 과정은 매우 중요하다. 교사와 아이들의 관계 형성이자 교사와 교사간의 관계 형성, 그리고 생태 전문가와 교사와의 관계 형성이다. 한 사람의 능력이나 노력으로 완성되는 것이 아니기 때문에 원활한 상호 인간관계와 인적, 물적 자원의 활용도 매우 중요한 필요 요소임을 잊지 말아야 한다.

생태 교육을 통해 아이들의 인성이 길러지듯 교사도 생태 교육 활동에 필요한 프로그램을 기획하고 실행하는 과정을 통해 소통하고 배려하는 인품을 갖추어야 한다. 프로그램을 기획하는 과정 자체가 교사 자신의 감수성을 향상하는 훈련 과정이 되어야 한다. 단순한 의무감으로 접근하면 활동 자체가 매우 어렵게 된다.

2. 프로그램을 기획하기 위한 준비

정보와 자료 수집 및 분석

효과적인 생태 교육 프로그램을 기획하기 위해서는 먼저 관련 정보와 자료를 수집하는 작업을 해야 한다. 이것은 기획을 논리적으로 뒷받침하기 위한 중요한 단계이다. 그렇다고 무조건 많은 정보나 자료 등을 찾는 것은 낭비일 수 있다. 자료 조사의 범위와 한계를 설정하는 것이 중요하다. 생태 교육과 관련한 자료 수집에는 문헌과 인터넷 웹 사이트 등을 이용한 기초 조사, 유사 프로그램 검토, 참여 예상자 설문조사 등이 포함된다. 교사는 시행 가능한 다양한 방법을 검토해야 하며, 모아진 정보나 자료를 구체적으로 분석해 정확한 방향을 설정해야 한다.

현장 답사 및 조사

현장 답사는 매우 중요한 과정이다. 현장을 답사하며 프로그램의 활용 가능한 요소와 이동 구간, 시설물 등에 대해 꼼꼼히 확인한다. 이때 대상지의 답사 지도를 작성하는 것이 좋다. 현장 답사가 충분하지 않으면 생태 교육 과정에서 발생할 수 있는 돌발 상황에 적절하게 대응하기 어렵다. 현장을 잘 알면 그만큼 응용력도 높아진다. 현장을 답사하면서 꼭 대상지에 대한 오감 생태 교육 지도를 작성하는 것이 좋다.

선택과 집중이 필요한, 주제 선정

자연을 대상으로 체험 프로그램을 진행하는 것은 어려운 일이다. 자연은 변화무쌍하며, 꼭 전달해야 하거나 전달하고 싶은 주제들이 너무나 많기 때문이다. 따라서 알고 있는 모든 것을 한 번에 보여 주려고 하거나 설명하려고 하는 욕심은 버려야 한다. 적은 것이 때로는 많은 것보다 효과적일 수 있기 때문이다. 그러므로 대상지에 관한 프로그램 요소들 중에서 방향과 흐름에 잘 맞고 연관성이 높은 것을 중심으로 주제를 선정한다. 가급적 한 가지 주제만으로 프로그램에 집중하는 것이 효과적이다.

예를 들면 나무를 주제로 할 경우, 나무가 살아 있는 생명체라는 사실을 아이들이 깨달을 수 있도록 프로그램을 기획한다. 도입 단계에서는 나무를 이용한 놀이로 자연스럽게 프로그램의 시작을 알리고, 전개 과정에서는 나무가 물먹는 소리 듣기와 나의 나무 친구 찾기, 나무 친구 얼굴 본뜨기와 같은 활동을 진행한다. 마무리 단계에서는 나무에게 편지 쓰기나 나무를 주제로 한 줄시 쓰기, 혹은 나무를 주제로 하는 동시를 낭송하면서 나의 나무 친구를 생각(명상)하는 식의 프로그램을 기획한다면 한 가지 주제에 충실하게 프로그램을 기획, 구성한 좋은 사례라고 할 수 있다. 주제가 한 가지로 집중되면 아이들이 자연 속에서 받는 자극도 집중되기 때문에 피드백 단계에서 교육적 효과가 매우 높게 나타난다. 자연 속에서 이것저것 모두 하는 것도 자연 생태를 이해하는 데 도움이 되겠지만 주제에 충실한 기획이 아이들이 자연를 더 잘 이해하고 자연과의 관계도 잘 형성된다는 점을 잊지 말아야 한다.

대상에 대한 파악

생태 체험 대상의 연령과 발달단계별 능력, 성향 등을 안다면 더욱 좋은 프로그램을 기획할 수 있다. 예를 들어 만 3세 아동에게는 '박쥐와 나방' 같은 생태 놀이 프로그램이 어려울 수 있다. 이럴 경우 아이들의 이해도에 맞게 프로그램을 기획하고 운영해야 한다. 먹이사슬을 이해하기 쉽게 구성하고 적당한 놀이 방식을 도입하는 응용력이 있어야 한다. 8세 이하 유아에게는 무엇보다 감각을 활용한 체험 활동이 효과적이다. 13세에서 17세 연령층에서는 동일성과 관련해서 찾아볼 만한 체험 활동을 진행하는 것이 효과적이다. 참가자들의 인원, 연령, 문화, 생활환경, 경험 등을 참고해 프로그램을 구성해야 하는 것이다.

3. 프로그램의 구성

생태 교사와 참가자 집단과의 관계 형성 단계

담임 교사가 직접 자기 반 아이들을 지도하는 경우를 제외하고는 생태 교사는 외부 강사로서 아이들과 처음 만나는 경우가 대부분이다. 생태 교육을 효과적으로 진행하기 위해서는 참가자들과의 소통이 중요하다. 참가자들이 생태 교사를 편안하고 친근하게 받아들일 수 있도록 해야 한다.

[표1] 생태 지도사와 참가자 간 관계 형성 프로그램 예시

프로그램 이름	물건 만지고 오기				
활동 목표	소집단의 결속력을 증진하고 대상물을 인지하는 연습 기회 제공 관계 형성이 되어 있지 않은 집단 구성원들 간에 어색함을 해소하고 자연스럽게 관찰 대상에 대한 감수성을 증진				
적정 인원	10~15명	소요 시간	15분 이내	유형	놀이형
준비물	무선 마이크(기가폰), 흰 보자기			진행 인원	2명

활동 과정 개요		
단계	주요 활동 내용	소요 시간
도입	전체 집단을 4~6명씩 2~3모둠으로 구성하고 순번을 정한다.	3분
전개	생태 교사는 주변에 있는 사물의 이름을 한 번씩 부른다 (4~6개). 나무, 의자, 나뭇잎, 열매, 꽃 등 참가자들은 가능한 한 빨리 만지고 와서 다음 사람이 참가할 수 있도록 한다. 각 모둠원이 모두 참가하도록 지도한다. 필요에 따라 사물 이름을 바꾸어 몇 번 실시한다.	10분
정리	생태 교사는, 이 활동은 혼자만 잘해서는 안 되고 같은 모둠원의 행동에 대해 관심을 가지고 협력해야 한다는 것을 주지시킨다.	2분
유의 사항	동적인 활동이므로 사전에 주변의 위험물에 대해 조치를 한다. 경쟁을 너무 강조하지 말 것	

참가자들 사이에 집단 형성 단계

생태 교사와 참가자들뿐만 아니라 참가자들 사이의 관계도 중요하다. 생태 교육은 공동체 체험이다. 그러므로 참가자들끼리 상호 교류할 수 있는 기회가 주어져야 하며, 이를 통해 집단 자체 분위기가 각 개인에게 편안한 상태가 되도록 노력해야 한다.

[표2] 주제에 집중하여 기획한 프로그램 구성의 예시

프로그램 이름	나는 어떤 생물일까요 ?				
활동 목표	생태계를 구성하는 생물(동물/식물/조류 등)의 생태적 특징과 습성 등을 상호 의사소통 체험을 통해 인식하며 서로에 대한 관계를 형성한다.				
적정 인원	20명	소요 시간	20분	유형	놀이형
준비물	명함 크기의 종이, 명찰 케이스, 필기구			진행 인원	2명

활동 과정 개요		
단계	주요 활동 내용	소요 시간
도입	아이들에게 활동 개요를 설명해 준다.	2분
전개	아이들이 알 만한 생물 이름이 적힌 생물 이름 카드를 만든다. 생물 이름 카드를 아이들의 윗옷 목 뒤 칼라에 집게로 달아 본인은 볼 수 없도록 한다. 두 사람씩 짝이 되어 스무고개 하듯이 '예', '아니오'로만 대답하게 하고, 서로 돌아가면서 모두가 자기 등에 붙어 있는 생물 이름을 알아내는 활동이다. 처음 만난 참가자들끼리 질문을 하고 답을 맞히면 상대편의 질문에 응답을 해 주고, 못 맞히면 다른 참가자들에게 물어서 맞히도록 한다. 모든 아이들이 답을 알아맞히도록 교사가 적절하게 지켜보며 진행을 한다.	

정 리	아이들이 스무고개 방식으로 자기 생물을 찾게 되면 그 생물에 대한 애정이 생긴다. 서로서로 자기의 생물 이름을 부르면서 우리와 함께 살아가는 생물들에게 친근감을 갖도록 하면서 마무리한다.	
유의 사항	아이들이 알 수 있는 생물 이름을 만들어 진행한다.	

동기부여 및 체험 단계

현장 생태 교육의 주제 또는 큰 방향에 대해 아이들이 관심을 갖고 주의, 주목할 수 있게 유도하는 활동 단계다. 오감을 활용해 직접적인 감각 체험이 가능하게 유도하는 것이 좋은데, 주로 감수성을 증진할 수 있는 활동 내용으로 구성한다.

피드백 및 마무리 단계

수용된 체험, 지식, 정보 등을 교환하도록 자극하는 단계다(탐구 결과 발표 및 공동 담화, 체험 평가 등). 자신이 체험한 활동을 평가하고, 느낌을 정리해서 갈무리하도록 한다. 명상이나 동시 감상, 돌아가며 한마디 발표하기, 한 줄 시 쓰기, 자연 지킴이가 된 모습 상상하기 등이 여기에 해당한다. 생태 교육 활동의 프로그램이 어떻게 구성되는지 예시를 통해 알아보자. 한 개의 프로그램은 한 가지 주제로 구성하는 것이 바람직하다. 여러 가지 주제로 기획하고 진행하게 되면 목적에 맞는 결과를 기대하기 어렵다. 물론 생태 현장에서 그냥 놀고 오는 것도 생태 교육의 일환일 수 있으나, 생태 체험을 통해 자연을 깨닫게 한다는 목적의식성이 결여되면 생태 교육은 야외 놀이 정도로만 인식되어 자연과 나와의 관계에 대한 깨달음과 인식이 깊어지지 않는다. 특히 도시 환경이 가지고 있는 제한적인 요소 때문에 도시에서의 생태 교육은 주제에 보다 집중할 수 있도록 기획되어야 한다. 따라서 가급적 한 가지 주제로 프로그램을 기획하고 진행할 것을 강조하고 싶다. 다음에 제시한 사례를 통해 구체적으로 설명해 본다.

주제별 프로젝트 활동을 하는 것도 효과적

특정한 주제를 정해 놓고 한 번이 아닌 여러 번 집중해서 체험하는 방식이다. 나무를 주제로 프로젝트 활동을 한다면 나무의 구조와 나무가 자연에서 차지하는 생태적 지위, 도시와 인간 사회에 미치는 영향 등을 주제로 삼고, 아이들의 연령에 맞게 내용을 구성하고 아이들이 직접 체험을 통해 위에서 열거한 나무의 가치에 대해 깨닫도록 활동을 진행한다.

[표3] 주제에 집중하여 기획한 프로그램 구성의 예시

일시		년 월 일	장소	도시공원(풀이 있는 곳)
주제		식물들의 겨울나기		
목적		- 식물들은 겨울을 어떻게 이겨 내는지 알아보고 우리 인간과 비교해 본다. - 추운 겨울을 지내는 식물을 보며 자연 속 생명의 경이로움을 느낀다.		
준비물		루페, 액자 틀, 사진기, 동그랗게 말린 종이(혹은 두루마리 휴지 심)		
교육 내용	도 입	○ 지도사와 참가자/ 참가자 상호 간 집단 형성 단계 - 겨울/봄 놀이(얼음 땡 놀이 응용) - 상호 관계 형성을 토해 친밀도를 높이고 겨울과 봄의 특징을 이해한다.		
	전 개	○ 나무의 겨울나기 알아보기 - 겨울눈 관찰 - 액자 틀을 이용해 멋진 겨울눈 찾기 - 루페로 겨울눈을 관찰하고 겨울눈이 무엇이 될지 의견 나누기 - 겨울눈 그려 보기 ○ 풀의 겨울나기 - 로제트 - 초본식물의 겨울나기 방법인 로제트 관찰 - 로제트 식물을 위와 옆에서 관찰하며 겹쳐 있는 식물 잎의 구조를 살핀다. - 식물의 잎이 겹쳐서 하는 역할을 알아차리도록 지도한다. - 로제트 식물처럼 모두 함께 몸으로 표현해 본다.		
	마 무 리	○ 겨울나기를 주제로 한 동시를 들으며 명상하기 ○ 겨울을 나는 우리 집의 모습과 비교하여 발표하기		
주의 사항 및 기타		겨울눈과 로제트 관찰 시 식물에 해를 입히지 않도록 주의한다.		

위 프로그램을 사례로 프로그램 구성 방법에 대해 살펴보겠다. 프로그램의 구성은 도입과 전개, 마무리로 구성하는 것이 보편적이다. 도입 단계에서는 주로 지도사와 참가자들 간 관계 형성

과 참가자들끼리의 관계 형성 프로그램으로 기획한다. 도입 단계는 주로 참가자들끼리 친근감을 느끼며 생태 교육에 대한 기대감을 가지도록 기획한다. 도입 단계에서 관찰형, 또는 탐구형 프로그램으로 기획하는 것은 주의해야 한다. 야외로 나오면 아이들은 놀고 싶어 한다. 이런 욕구를 충족시켜 주면서 생태 체험 활동이 재밌겠다는 기대감을 불러일으키는 것이 필요하다. 도입 단계에서 기대감을 충족시켜 주면 다음 단계인 전개 단계에서는 집중력이 높아진다. 따라서 도입 단계를 어떻게 시작할 것인가가 중요하다는 것을 잊지 말아야 한다.

도입 단계에서 '얼음 땡 놀이'를 응용한 '겨울봄놀이'는 야외에서 뛰놀고 싶어 하는 아이들의 욕구를 충족해 주면서도 프로그램의 주제인 식물의 겨울나기에 부합한다. 이렇게 본체험과 부합하도록 도입 단계 프로그램을 기획하는 것이 필요하다. 전개 단계에서는 겨울을 맞이하는 나무들의 모습을 관찰하며 겨울눈 찾기를 놀이형으로 진행할 수도 있다. '누가 가장 멋진 겨울눈을 찾을까?' 하고 미션을 던져 주면서 놀이형으로 유도하여 겨울눈에 흥미를 갖게 하는 것도 좋은 지도 방식이다. 이때 스티로폼을 이용한 액자 틀을 이용해 겨울눈을 찾게 하면, 보다 자연물에 집중할 수 있어 효과적이다. 먼저 루페를 이용해 겨울눈을 관찰하고, 액자 틀 안에 겨울눈의 모습을 담아 내는 것도 좋다.

초본인 풀들의 겨울나기는 나무들과 다르다. 줄기로 겨울을 나는 나무와 달리 여러해살이풀은 뿌리로 겨울을 나기 때문에 뿌리가 얼지 않도록 해야 한다. 그 전략이 바로 로제트다. 로제트형으로 뿌리를 보호하는 식물을 루페로 관찰하면 놀랍다. 앞서 설명한 것처럼 풀들의 로제트 전략을 관찰하고는 바로 마무리 단계로 넘어간다. 마무리는 자연과 나와의 관계 형성이다. 생태 체험을 통해 자연 속에서의 질서와 그들이 사는 모습을 알아차리고 내가 사는 모습과 비교해 보는 피드백 단계를 진행한다. 생태 교육의 마무리는 항상 자연과 인간과의 관계 형성을 알아차리도록 유도하는 것이다. 이렇게 기획해야 생태 교육의 목적에 잘 부합한다.

다음은 여름에 갯벌에서 할 수 있는 프로그램 예시이다. 갯벌 프로그램도 앞서와 마찬가지로 도입과 전개 단계 그리고 마무리 단계로 기획한다.

[표4] 갯벌 생태 교육 활동 프로그램 구성의 예시

일시	년　월　일	장소	갯벌
주제	갯벌 생태계를 느끼고 갯벌 생물들과 친구하기		
목적	- 갯벌이 얼마나 소중한 자연 자원인지 깨닫는다. - 갯벌 생물들을 관찰하며 갯벌 생물들과의 관계 형성, 생명력 깨닫기		
준비물	샌들, 갈아입을 옷(갯벌 들어갈 때는 버려도 되는 헌옷을 입는다), 수건 등		

교육 내용	도 입	○ 지도사와 참가자/ 참가자 상호 간 집단 형성 단계 - 갯벌 체조 - 모래 백사장에서 갯지렁이 놀이
	전 개	○ 갯벌 친구들 집에 놀러왔어요 (갯벌에 들어갈 때의 주의사항 설명) - 갯벌엔 손님으로 왔어요(손님이 집에 오면 어떻게 하는지 아이들이 발표 하게 하고 공유하기) - 손으로 마구 만지면 죽는대요(사람들이 손으로 만졌을 때 갯벌 생물 친 구들에게 미치는 영향에 대해 이야기를 하고, 아이들의 경험을 떠올리게 하며 발표하고 공유하기) ○ 갯벌 생물들을 하나씩 관찰하며 친구 맺기 - 조심스럽게 그러면서도 재밌는 지도 방식으로 아이들과 갯벌 생물들의 관계 맺어 주기 - 민챙이, 좁쌀무늬고둥, 밤게, 골뱅이 알집, 바다선인장 등
	마 무 리	○ 가장 기억나는 갯벌 친구 이름 이야기하기 ○ 갯벌 친구들에게 인사하기 ○ 주변 백사장에서 조개껍데기 주워 목걸이나 액자 만들기
주의 사항 및 기타		갯벌에서는 뛰지 않도록 하며, 생물들을 맨손으로 오래 잡고 있지 않도록 수시로 지 도한다. 호미나 비닐봉지는 절대 가지고 들어가지 않는다.

4. 프로그램의 평가와 수정 및 보완

프로그램을 진행한 후에는 프로그램의 사전 준비와 구상, 기획 단계별 진행에 대해 평가하고 수정, 보완한다. 이때 주로 프로그램의 구성 시간이 적절했는지, 이동 구간의 적합성 및 아이들의 반응, 운영 방법의 효율성 등에 대해 집중적으로 평가한다. 물론 생태 지도사의 경우 진행 방식과 관련한 기술적인 요소도 평가한다. 직접 생태 교육을 진행한 교사 역시 생태적 감수성에 충실했는지, 아이들과 느낌을 공유했는지 등 교사로서의 자질과 태도를 평가한다. 이때 주의할 점은 자책이 심하게 섞인 평가는 삼가고, 긍정적인 평가 방식을 도입하여 좀 더 발전적인 방안을 찾기 위한 노력이 필요하다.

에코 산책
생태 교육

6장

생태 교육을 위한 적절한 장소는?

1. 아이들이 살고 있는 지역사회

최근 지방자치단체별로 다양한 생태 공원을 조성하고 방문객을 위한 탐방 안내소를 설치하거나 하천 생태를 복원하고 생태 교육장으로 활용하고 있는 사례들이 많다. 또한 습지를 복원해 습지생물들의 서식 공간을 만들어 주고 생태 체험 학습장으로 활용하기도 한다. 선출직 지방자치단체장들이 대시민 서비스의 일환으로 생태 체험 교육을 활성화하면서 서서히 유행처럼 번지고 있는 것도 사실이다. 생태 교육이 명실공히 사회적 흐름으로 자리 잡고 있는 것이다. 주 5일 근무제와 주 5일 수업 등으로 생태 체험 교육의 수요는 갈수록 증가하고 있다. 이러한 수요에 맞춰 수요자들의 욕구를 충족하고 교육적 효과를 극대화할 수 있는 생태 체험 프로그램 및 공간의 필요성은 갈수록 확산될 것이다.

생태 교육을 활성화하려면 대중교통을 이용하거나 걸어서도 갈 만한 곳에 생태 활동을 할 수 있는 장소가 많아야 한다. 또한 이동 중에 위험 요소가 적고, 화장실이 있어서 간단히 씻고 생리적인 현상을 해결하는 데 문제가 없어야 한다.

생태 교육의 목표가 효율적으로 달성되려면 아이들의 주거지나 유아 교육기관, 학교와 가까운 곳에서 생태 체험이 가능해야 한다. 거리가 너무 멀거나 접근하기 쉽지 않으면 프로그램을 지속적으로 진행할 수가 없다. 어쩌다 가끔씩 진행하는 일회성 교육이 된다. 따라서 생태 교육을 안정적으로 진행하기 위해서는 지역사회의 생태 자원을 활용해 프로그램을 개발하고 진행하는 것이 필요하다.

2. 도시공원을 잘 활용하자

도시공원의 기능 및 효과는 계획 당시의 목적이나 분류 방법에 따라 다소 차이가 있다. 위락성, 안정성, 쾌적성 측면에서 보면, 과

거에는 자연의 풍경을 즐기는 정도의 정적인 위락성이 강조되었다면 점차 능동적이면서 날로 증가하는 도시 공해에 대비하는 한편, 환경 보전적 측면과 생태적 측면이 강화되고 있는 실정이다.

도시 안에서 띠 형태로 조성된 녹지는 바람의 통로(바람길)가 되어 대기를 움직이게 하고 오염된 공기를 희석시켜 준다. 또한 기온을 낮추어 줌으로써, 주변 지역보다 기온이 높은 도시 지역의 열섬 현상을 완화해 준다. 나아가 건물 등 도시 구조물에서 발생하는 강한 바람과 소음을 막아 보다 조용한 환경으로 만들어 준다. 도시의 모습과 조화된 녹지 공간은 시민들에게 심리적인 안정감을 주고 시각적인 아름다움을 느끼게 해 줄 뿐 아니라, 각종 곤충과 야생동물들이 서식하는 공간이 되어 도시를 생명이 넘치는 활력 있는 공간으로 만들어 주는 중요한 역할을 하기도 한다. 즉 도시의 녹지 공간은 삭막한 도시 생활과 공해에 찌든 도시민에게 자연을 접할 수 있는 기회를 제공함으로써 육체적, 정신적 휴식과 더불어 놀이의 장소로 활용되고 있는 것이다. 또한 야생 동식물의 서식처로서 도시 생태계의 기반을 조성하여 도시 경관을 조성하는 역할도 수행하고 있다. 이러한 관점에서 볼 때 도시 녹지 공간은 근거리에서 생활하는 학생 및 시민들에게 자연을 접할 수 있는 기회를 제공하며, 이용자들의 자연에 대한 이해를 증진시키고 태도를 변화시킬 수 있는 매우 중요한 생태 교육의 장인 것이다.

문제는 모든 도시공원이 이렇게 생태 교육의 장으로 적합하지 않다는 점이다. 도시공원의 이용 가능한 환경을 조사하고 분석해 아이들에게 적용 가능한 생태 교육의 장으로서 활용하는 것이 필요하다. 생태 교사는 도시공원이 가지고 있는 한계를 장애 요인으로 바라보기보다 이용 가능한 장소로서 재해석하고 적용 가능한 프로그램을 기획할 수 있어야 한다.

3. 지역별 생태 공원을 적극적으로 활용하자

'생태 공원'이란 식물, 동물, 곤충이 자연환경에서 살아가는 모습을 관찰할 수 있도록 만든 공간이다. 즉 자연 관찰 및 학습을 위하여 공원 녹지를 생태적으로 복원, 보전해 이용자들에게 동식물이 성장하고 활동하는 모습을 관찰할 수 있도록 조성된 공원이다.

공원을 조성할 때 사람이 편리하게 이용하는 데만 집중하면 인공적, 물리적 환경 위주로 공사가 진행되어 녹지 공간의 생태적 생산성은 파괴될 수밖에 없다. 자연환경이 파괴되면 생물이 살 수 없는 침묵의 녹지로만 남을 뿐이다. 침묵의 녹지에 새들과 곤충들이 살게 하려면 자연의 혼을 불어넣어 생물이 살 수 있게 생태 공원을 만들어야 한다. 또한 자연환경을 보존하고 가꾸어야 하는 필요성과 그에 따른 행동 규범을 장려할 수 있는 장소가 필요하다. 이러한 이유들 때문에 생태 공원의 필요성은 더욱 대두되었다.

생태 공원은 일반 도시공원에 비해 생태 체험 교육장으로의 활용도가 높지만 지역마다 고르게 조성되어 있지 않아 향후 도시공원을 생태 공원으로 재조성하는 정책이 실행되어야 할 필요가 있다. 최근 도시에서의 삶의 질 향상과 교육적 이용에 대한 요구가 높아지고 있는 실정이므로 이러한 정책이 실현될 수 있게 힘을 모아야 한다.

경기도 시흥시에 위치한 갯골생태공원에서 진행되고 있는 프로그램들을 사진으로 소개해 보겠다.

[그림1] 시흥의 갯골생태공원에서 아이들이 생태 교사의 지도에 따라 갯골에 사는 방게와 농게 흉내를 내고 있다.

[그림2] 갯골생태공원에서 진행한 교사 생태 교육 연수. 갯골에서 마주할 수 있는 갈대와 모새달을 어떻게 구분하는지 배우고 프로그램을 진행하는 방법에 대해 실습해 본다.

[그림3] 갯골생태공원에서 진행한 학부모 생태 체험에서 학부모들이 갯골의 특성을 오감으로 느끼고 있다. 갯골의 바람을 온몸으로 맞으며 명상하는 모습, 이렇게 자연을 느끼며 힐링하는 시간을 가져 본다.

[그림4] 학부모들도 갯골생태공원의 생태적 특성을 배우며 새로운 지식과 경험을 쌓는다.

[그림5] 맨발로 갯골생태공원 잔디 위를 걸으며 내려놓아야 할 욕망과 천천히 가야만 보이는 것들을 떠올리며 자연과 교감하는 나만의 시간을 가져 본다. 체험에 참가한 학부모들은 대부분 생태 교육의 든든한 조력자가 된다.

4. 도시 인근 숲을 활용하자

사전적 정의에 의하면 숲은 수풀이라고도 하며, 나무가 무성하게 들어찬 곳, 또는 풀과 나무, 덩굴이 한데 엉킨 곳을 말한다. 숲은 사람에게 많은 도움을 준다. 제한적 의미이기는 하지만 매년 자라는 양만큼 베어 쓰고 다시 그 자리에 다시 나무를 심는다면 영원히 사용할 수 있는 천연자원이자 지상에서 하나뿐인 재생 가능한 자원이라고 말할 수 있다. 또한 임산물을 생산하고 이산화탄소를 산소로 바꿔 주는 물질적인 기능 외에 아름다움을 느끼고 심리적 안정을 찾게 해 주는 기능도 있다. 그중에서 돈을 받고 파는 임산물 이외의 것을 공익적 기능이라 하는데, 사람들의 심리와 정서를 자극하여 친근감과 친화력을 갖게 한다.

숲은 우리의 생활 공간에서 친근한 장소 중 하나이다. 우리는 숲을 통해 자연과 교감하고 자연이 주는 편익에 대해 깨닫는다. 인간의 욕구를 충족하기 위한 과도한 개발로 숲의 효용 가치가 더욱더 커지고 있다. 최근에는 각종 개발 사업에서조차 생태적 공간에 주목하고 주거 공간에서의 녹지 공간 마련을 마케팅의 전략으로 사용하고 있다. 주거지 가까운 곳에 숲이 있으면 토지 가격이 비싸진다. 그만큼 숲의 가치가 점점 높아지고 있는 것이다. 자신이 살고 있는 지역의 근거리에 숲이 있다면 숲이 가지고 있는 생물의 다양성과 신선함, 자연을 직접 느끼게 해 주는 체험 공간으로의 활용 가치가 매우 높다고 할 수 있다. 숲에는 나무 외에 여러 가지 풀과 각종 동식물들이 어우러져 함께 살아가고 있다.

숲은 각박한 도시 생활에 지친 사람들의 심신에 활력을 불어 넣어 주기도 하고 아이들과 함께 자연을 직접 접하는 생태 체험 교육의 장을 제공하기도 한다. 다만 도시에 조성된 숲에는 아이들이 이용하기에 어려운 곳이 많다. 경사가 가파르거나 이동 거리가 길고 다칠 위험이 있다면 아이들의 체험 장소로는 적합하지 않다. 프로그램의 활용성에 대해 조사하고 분석해 안전한 체험 학습장으로서 활용 방안을 기획하고 구성하는 것이 교사의 몫이다.

5. 도시 하천도 훌륭한 생태 체험 교육장

먼저 도시에서 하천의 기능에 대해 알아보자.

하천은 크게 이수 기능, 치수 기능, 환경 기능으로 나뉜다. 이 중 하천의 환경 기능은 다시 자연 보전 기능, 친수 기능, 공간 기능으로 나눈다.

최근 하천이 갖고 있는 기능 중에 환경 기능이 중요하게 부각하고 있다. 하천의 환경 기능을 자세히 살펴보면 다음과 같다.

첫째, 자연 보전 기능이다. 각종 동식물의 보호처로서 하천의 자연 보전 기능을 말한다. 하천의 다양한 서식 환경은 어류, 패류, 수생식물, 수서곤충, 수중 무척추동물 등 귀중한 생태계를 형성하고 있으므로 하천의 자연 생태계는 그 자체로서 의미가 있는데, 사람들에게 생태적 풍요로움을 안겨 준다는 점에서도 큰 의미가 있다.

둘째, 친수 기능이다. 친수라는 의미는 물에 가까이 가고 싶은 마음, 물과 가까이 하고 싶은 마음이라 할 수 있다. 이는 인간의 내면에 잠재되어 있는 물에 대한 무의식적인 동경심 때문이라고 말하는 학자들도 있다.

셋째, 공간 기능이다. 하천은 주위 산과 들과 어울려 하나의 독특한 자연경관을 창출하며, 이렇게 탁 트인 자연 무대는 예로부터 사람들에게 축제 및 놀이의 장을 제공해 왔다. 이러한 하천 공간은 특히 과밀화되어 가는 도시에서 귀중한 공간 자원을 제공하고 있는 것이다.

도시 하천을 생태 교육의 장으로 활용할 경우 교육 활동 장소가 근거리에 위치한다는 장점이 있다. 시간과 비용을 절약할 수 있는 경제적 효율성이 있는 셈이다. 또한 지역사회를 흐르는 하천을 체험하는 교육 프로그램은 아이들을 비롯한 성인들에게도 자신이 살고 있는 지역사회 및 환경에 대한 책임감을 고취시키는 데 매우 효과적이다. 지역사회에 흐르고 있는 하천은 새로이 적응해야 하는 장소가 아니라 이미 오래전부터 보아 왔던 주변

환경 중 일부이기 때문에 아이들에게 매우 친숙한 교육의 장으로 제공될 수 있다. 또한 하천에서 적용할 수 있는 체험 교육 프로그램들이 모두 하천 수질과 식생 관찰, 계절별·구간별 모니터링 등 하천의 현황을 파악하고 문제점을 해결해 나가기 위한 활동 과정들로 연계되기 때문에 결국 환경과 지역사회에 대한 긍정적인 태도와 책임 있는 행동을 습득하게 하는 중요한 기회가 될 수 있다. 즉 생태 환경에 대한 책임감 있는 행동으로 발전시키기 위한 효과적인 생태 환경 교육으로서, 지역사회의 환경 문제 해결에 실질적으로 참여할 수 있는 기회를 제공하는 의미로서 도시 하천을 체험하는 환경 교육 프로그램의 필요성이 더욱 커지고 있는 실정이다.

여기서도 주목하고 고민할 점은 있다. 아이들이 하천 체험을 할 경우 접근이 용이한 지점을 선정하고 체험 방법과 프로그램을 아이들에 맞게 기획하고 운영하는 것이 필요하다. 하천을 체험 교육장으로서 적극적으로 활용할 수 있도록 지방자치단체 차원의 지원도 필요하다. 하천 주변을 관찰하고 조사하는 체험 프로그램을 실행하기 위해서는 선행되어야 할 것이 있다. 하천 교육을 위한 교육용 도구와 교구 개발, 하천 교육용 기록지와 교재 등도 필요하고, 체험 코스를 개발하고 체험 방식도 체계화해 교사나 아이들이 보다 쉽게 하천 생태 교육을 진행할 수 있도록 만드는 것이 필요하다.

6. 생태 체험 교육장으로서 갯벌

갯벌이란?

갯벌이란 조석의 차이로 인해 드러나는 갯가의 퇴적물 벌판을 뜻한다. 갯벌의 사전적 의미를 정리해 보면 '조수가 드나드는 바닷가에 밀물 때는 잠기고 썰물 때는 물 밖으로 드러나는 모래 점토질의 평탄한 땅'이라는 뜻이다.

갯벌은 말 그대로 넓게 펼쳐진 바닷가 벌판이다. 이러한 넓은 벌판이 형성되려면 경사가 완만하고 조석간만의 차이가 커야 하며 퇴적물의 공급이 원활히 이루어져야 한다. 이런 면에서 경사가 완만하고 큰 강의 하구가 많은 서해안에서 크고 넓은 갯벌이 많은 것은 당연한 것이다. 우리나라 갯벌 면적은 전 국토의 약 3%를 차지할 정도로 넓고, 그중에서 서해안의 갯벌이 83%나 된다. 육지와 바다 사이에 하루에 두 번씩 넓은 공간이 나타났다가 사라졌다 하는, 판이한 두 세계의 중간에 위치한 곳을 '갯벌'이라고 한다. 육상과 해양이라는 두 거대 생태계가 접하는 곳에 있어서 완충작용을 할 뿐만 아니라 연안 생태계의 모태 역할을 맡고 있는 곳이다.

홍수 및 태풍 조절

갯벌은 육상 생태계와 해양 생태계 사이에 놓여 있어 두 환경 사이에서 완충작용을 한다. 갯벌은 그 지역 수계의 흐름에 영향을 주는데, 홍수가 나면 물의 흐름을 완화하고 저장하는 역할을 하며 장기간에 걸쳐 조금씩 흘러 보낸다. 물의 양을 조절하여 큰물에 따른 인명 및 재산 피해를 감소시키는 것. 태풍이나 해일이 연안 가까이 다가오면 이를 일차적으로 흡수하고 태풍의 영향을 감소하는 완충 역할도 하는 등 육상 지역의 피해를 줄이는 역할을 한다.

자연재해와 기후 조절

갯벌은 마치 스펀지처럼 홍수나 빗물 등을 흡수한 뒤 천천히 내보낸다. 동시에 많은 양의 물을 저장할 수 있기 때문에 순간적으로 일어날 수 있는 높은 수위를 일단 낮출 수 있다. 따라서 강의 하구나 바닷가의 침식을 막고 홍수 피해도 최소화하는 역할을 한다. 또한 대기의 온도와 습도에도 영향을 미치는 등 기후 조절의 기능도 가지고 있는 것이 갯벌이다.

심미적 기능

해양과 육지의 작용에 의해 형성된 갯벌은 그 아름다운 경관으로 인해 해수욕장, 해양 레포츠 그리고 해양 관광 등 사람들을 위한 유익한 장소로 제공된다. 그러나 이러한 갯벌의 가치를 측정하는 것은 어려운데, 심미적 기능은 비사용적 가치를 가지고 있으며, 서비스에 대한 시장이 존재하고 있지 않기 때문이다.

우리나라는 이 심미적 기능의 가치에 대한 연구가 거의 전무한 상태이지만 선진국의 경우 이 부문에 관한 연구가 활발하게 진행되고 있어, 향후 갯벌의 심미적 기능에 보다 높은 가치를 부여할 개연성은 충분하다.

경제적 가치

어민들에게 갯벌은 경제, 곧 돈을 의미하는 삶의 터전이다. 우리 식탁에 오르는 해산물의 3분의 2 이상이 이들이 잡고 기른 어패류이다.

갯벌은 항상 밀물과 썰물이 드나들어서 산소가 풍부하고 유기물이 많기 때문에 생물의 종류도 다양하다. 대부분 어패류의 먹이 섭취와 번식 장소로 이용되므로 어업 활동의 90%가 갯벌에 의존한다고 볼 수 있다. 갯벌은 농경지와 바다보다 약 3배에서 20배의 생산성을 가진다고 하니, 그 경제적 가치는 참으로 크다고 할 수 있다.

어류, 패류의 생산 및 서식지

갯벌은 육지와 바다가 만나는 지점에서 형성되기 때문에 어류 230종, 게류 193종, 새우류 74종, 조개류 58종 등 다양한 생물종이 서식하며, 그에 따라 영양염류가 풍부하고 생산성이 높다. 또한 갯벌 지역은 대부분의 해안 생물과 조류들의 먹이 섭취 장소이고 번식 장소이다.

생태 체험 교육장으로서의 활용성

갯벌 생태 체험 프로그램의 가장 큰 장점은 자연물과의 직접적인 접촉을 제공해 오감 체험으로 자연과의 교감을 높일 수 있다는 점이다. 맨발로 갯벌에 들어서는 순간 아이들은 많은 작은 변화와 느낌을 발바닥으로 느낄 수 있다. 또한 갯벌을 구성하고 있는 많은 생명들의 유기적 관계를 손쉽게 관찰할 수 있는 것은 물론, 갯벌 주변에 대한 체험과 탐조 활동의 적절한 병행이 가능하다. 이는 단순히 '갯벌'이라는 특이한 공간의 체험이 아닌 염습지, 강의 하구, 조간대, 어촌, 해양 문화 등을 이해시킬 수 있다는 점에서도 유용하다.

이렇듯 갯벌은 생태 체험 교육장으로서 그 활용성과 가치는 높지만 모든 지역사회에서 활발하게, 꾸준히 진행되기에는 어려움이 있다. 갯벌 체험 프로그램이 비교적 활성화되고는 있지만 대개 관광의 의미를 벗어나지 못하거나, 어패류의 채집 체험에 머

물고 있는 실정이다. 이처럼 잘못된 갯벌 체험으로 인해 오히려 갯벌의 생태계가 파괴되는 것은 물론, 아이들로 하여금 생명을 경시하게 만드는 잘못된 폐단을 가져올 수도 있다.

생태 체험 교육이 호기심을 자극하고 나아가 자연을 이해하면서 자신과 자연과의 관계를 발견할 수 있게 해야 한다는 것을 생각할 때, 올바른 갯벌 체험 교육 프로그램의 개발과 정착이 시급하다고 할 수 있다. 갯벌 체험 교육 프로그램이 실제로 긍정적인 체험이 되기 위해서는 충분한 사전 준비 과정이 필요하다. 물때를 알지 못하거나 현장 갯벌 상황을 알지 못할 경우 체험을 하지 못하거나 하더라도 안전사고의 위험에 노출될 수 있다. 이런 점을 감안할 때, 지방자치단체 차원에서 갯벌 체험 장소의 밀물과 썰물의 시간 및 날씨에 대한 정보는 물론, 갯벌의 종류와 상태, 관찰 가능한 생물종, 갯벌 주변 가까운 곳의 씻을 장소와 물, 휴식 장소, 프로그램에 적합한 장소와 이동 경로 등의 자료를 제공해 주는 것도 필요하다.

곤충을 주제로 한 생태 교육

1. 곤충의 유년기와 성년기 이해

매미의 일생을 보며 우리의 삶과 비교하기

여름철이면 어디를 가나 짝짓기를 위한 매미들의 맴맴~ 소리
가 웅장하게 느껴진다. 매미는 5~7년간 땅속에서 굼벵이로 지내
다 매미가 되어 7~20일 정도 살다 생을 마감한다고 한다.

매미의 삶을 추적해 보면 더 이상 극적일 수 없다. 매미의 알은
나무줄기 속 등에 있다가 이듬해 6~7월 부화하여 유충이 되는데,
유충은 스스로 땅에 떨어져 땅속으로 들어가 5~7년간 4차례 변
태를 거듭하며 굼벵이로 지낸다. 북미의 어떤 매미는 17년간 땅

에서 지내기도 한다. 긴 땅속 생활을 보낸 굼벵이는 땅을 뚫고 나와 나무줄기에 매달려 허물을 벗고 우화(羽化)를 거쳐 매미가 되는데, 7~20일 정도 나뭇진을 빨아 먹으며 살다가 교미를 한 뒤 생을 마감한다.

보통 매미는 나무의 수액을 먹기 때문에 잡아다가 집 안에서 키운다 해도 일주일을 못 넘긴다. 매미는 집 안에서 키우기 어려운 곤충으로 잠깐 관찰한 후에 다시 놓아 주는 것이 좋다.

아이들과 매미 관찰 활동을 하면서, 어린 시절 땅속에서 지내다 어른이 되어 짝짓기를 한 후 생을 마감하는 매미의 삶을 들여다본다. 우리 자신은 지금 어떻게 살고 있는지 돌아보며 이야기하게 한다. 매미가 측은하게 느껴지는 아이도 있고, 아무 느낌이 없는 듯 무심하게 반응하는 아이도 있을 것이다. 아이들은 부모님이 보살펴 주는 환경에서 사는 자기들의 모습과 매미의 삶을 비교하며 우리와 다른 생명체의 사는 모습을 돌아볼 기회를 갖게 된다.

하루살이의 생과 우리의 생 비교하기

하루살이가 정말 하루를 살까? 그렇지 않다. 하루살이는 너무 짧게 살다 가기 때문에 하루살이란 이름을 얻은 것이다.

하루살이는 물속에서 1년 정도 유충으로 살다가 우화하여 멋진 날개를 달고는 바로 짝을 찾는 일에 모든 힘을 쏟는다. 하루살이 성충의 목적은 오로지 짝짓기이다. 하루살이 수컷들은 집단으로 몰려다니며 집단 춤을 춘다. 그러면 암컷이 따라 날아오르며 공중에서 짝짓기를 한다.

사람들은 가창오리 같은 겨울철새가 집단으로 비행하는 것을 보면 '군무'를 춘다고 표현하며 감동적으로 바라본다. 비록 가창오리떼처럼 장엄하게 보이지는 않아도 하루살이들의 군무도 멋지다. 오래전 직접 보았던 청평저수지 근처 도로변 가로등 위에서 펼쳐진 하루살이들의 짝짓기 군무는 지금도 잊을 수가 없다. 저녁 무렵 가로등의 불빛 아래 하루살이 수천 마리가 짝짓기 춤을 추고는, 짝짓기를 마친 수컷들이 바로 그 자리에서 바닥으로 흐드득 떨어져 죽는 모습을 보았다. 마치 하얀 벚꽃이 바람에 날리며 떨어지는 모습을 연상케 했다. 번식을 위한 죽음의 춤, 그 숭고함이 아름답기까지 했다.

수컷의 생의 목표는 짝짓기이기 때문에 짝짓기에 성공한 수컷은 채 이삼 일도 버티지 못하고 죽는다. 짝짓기를 하지 못한 수컷도 살 수 있는 일정 기간이 지나면 죽는다. 인간 세상에서는 이렇게 장가 한 번 못 가고 죽은 사람이 몽달귀신이 된다는 전설이 있다. 짝짓기를 못하고 죽은 하루살이 수컷을 '몽달하루살이'라고 불러야 할까.

하루살이는 물속에서 유충 시절을 보낼 때는 왕성한 먹성을 드러낸다. 그러나 성충이 되어 날개를 달고 육상 시절을 보낼 때에는 아무것도 먹지 못한다. 입이 없기 때문이다. 하루살이는 몸 안

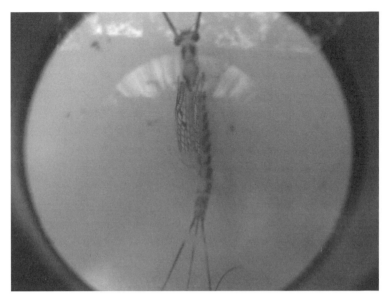

[그림1] 루페로 본 하루살이 모습. 루페로 보면 하루살이의 얼굴을 자세하게 볼 수 있다.

의 모든 에너지를 오로지 짝짓기를 위한 활동에 바친다. 그래서 짝짓기를 마치면 바로 죽음을 맞이하는 것이다. 짝짓기를 하지 못한 하루살이도 며칠 지나면 기력이 다해 죽는다.

하루살이를 주제로 한 생태 교육 프로그램을 지도할 때 교사는 아이들과 함께 하루살이가 살아가는 모습을 상상해 보도록 한다. 곤충이 우리와 같은 세상에 살면서, 다른 삶을 사는 차이를 스스로 깨닫도록 지도하는 것이다. 내가 사는 세상에는 우리 사람만 있지 않고 이렇게 하루살이처럼 살아가는 생명체도 있다는 것을 알아차리게 하는 것이다.

하루살이 역할놀이

하루살이 역할놀이도 가능하다. 물속에서 1년 이상 살다 성충이 되어 날개를 달고 날아오르는 하루살이의 모습을 상상해 본다. 암컷을 만나 사랑을 나누고는 바로 생을 마치는 장면을 상상해 본다. 하루살이에 대해 안쓰러움도 느낄 수 있고 사람으로 태어난 것에 대해 다행이란 생각도 가질 수 있다. 역할놀이 후에는 아이들 각자의 느낌을 공유하고, 자연에 대한 경외심을 느끼는 방향으로 지도하는 것이 필요하다.

2. 곤충의 다양한 삶 들여다보기

곤충을 가까이 느끼며 자연의 공존 질서를 알아차린다

지구에 사는 수많은 동물 중에 무려 3분의 2가 곤충이라고 한다. 알려진 곤충의 종만 해도 100만 종에 육박한다. 곤충들이 이렇게 왕성하게 개체 수를 유지하는 것은 이 지구상에 먹이가 많기 때문이다.

어느 책에선가 읽었던 구절이 기억난다. 숲과 들에서 뛰어가면 자신만 보이고, 뛰다가 걸으면 나무와 숲이 보이고, 걷다가 서면 자연의 합창 소리가 들리고, 서 있다가 앉으면 작은 우주가 보인다고 한다. 자연의 소곤거림과 경이로움을 알아차리기 위해서는 이렇게 잠시 쉼표를 찍고 살아가는 것이 자연과 인간의 조화로운 관계를 이어 가는 지혜가 아닐까 생각한다. 여름날 도시 숲길에서 잠시 멈춰 풀들을 바라보면 풀만 보이는 것이 아니라, 곤충과 애벌레가 풀과 함께 살아가는 모습이 잘 보인다.

곤충들은 자기가 좋아하는 특정 식물만을 찾아 먹는다. 아마도 모든 곤충이 아무 식물이나 마구 먹어댄다면 지구상에서 식물이 사라질 수도 있을 것이다. 현명하게도 곤충들은 각자 종류대로 먹이를 정해 놓고 먹기 때문에 식물과 서로 공생 공존할 수 있게 된 것이다. 자연이 가진 힘은 바로 이러한 배려의 질서가 아닌가 싶다. 우리가 배워야 할 덕목이다.

곤충 탐구 활동은 생태계의 먹이 순환을 이해하는 데도 큰 도움이 된다. 곤충은 식물만 먹는 것이 아니다. 동물의 배설물과 사체도 먹는다. 곤충은 사체를 작은 유기물이나 무기물로 분해해서 식물이 먹도록 땅으로 되돌린다. 이렇게 배설물과 사체를 먹는 곤충이 없었다면 지구는 어찌 되었을까? 곤충이 자연의 분해자 역할을 톡톡히 하는 셈이다.

곤충을 주제로 한 생태 교육 활동은 곤충의 종류만 알게 해서는 안 된다. 자연 생태계에서의 곤충의 역할을 알아차리게 하고, 곤충의 모습이 서로 다른 이유도 알 수 있도록 관찰, 탐구하는 활동도 포함해야 한다.

곤충의 모습을 흉내 내며 창의적인 표현하기

곤충 탐사 활동에서는 곤충의 습성을 보면서 아이들에게 표현하게 하는 활동도 재밌다. 곤충 가운데는 먹이를 먹은 후 앞다리나 입으로 더듬이를 닦는 녀석들이 있다. 관찰한 후 몸으로 따라 하면 곤충의 습성을 이해하는 데 도움이 된다. 곤충의 애벌레가 나뭇잎을 돌돌 말아서 집을 만들고 그 안에서 휴식을 취하고 있는 모습을 보며 아이들은 상상력을 부채질한다. 교사가 아이들에게, "애벌레는 그 안에서 무엇을 하고 있을까?" 하고 물으면, 마음대로 상상하며 이야기한다.

애벌레의 위장술을 흉내 내는 활동도 재밌다. 주변의 자연물을 이용해서 자기 몸을 숨기는 활동이다. 마치 술래잡기처럼 도시 숲이나 공원에서 몸을 숨기고는 누가 가장 잘 안 보이게 숨나 경연을 해 보는 것도 좋다. 물론 이때 주의할 점은 아이들이 숲 깊이 들어가 위험한 상황을 만들지 않도록 장소를 지정해 주는 것이다. 애벌레처럼 움직임이 없는 경우는 휴식을 취하는 것처럼 보인다. 아이들과 함께 자신이 가장 편하게 쉴 때는 어떤 모습일지 상상하며 표현하는 활동을 해 본다.

"내가 가장 편할 때는 언제일까?", "나는 어떤 모습으로 있을 때 가장 편할까?"와 같은 질문을 하며 아이들 스스로 상상하고 몸을 이용해 표현해 보게 하는 것도 훌륭한 생태 교육 지도 방식이다. 갖가지 몸동작 및 표현을 통해 아이들의 오감이 부쩍 자란다.

아이들의 감각을 자극하는 곤충의 다양한 행동

곤충은 대개 자기 자신을 보호하기 위한 노하우를 가지고 있다. 가장 흔한 전략이 몸의 색을 주변의 자연물과 비슷하게 만드는 보호색 전략이다. 이런 모습의 곤충을 보면 교사는 아이들에게 "이 곤충 친구는 색깔이 주변의 색과 비슷하네. 왜 그럴까?"라는 질문을 통해 상상을 불러일으키게 한다. 또 "우리 친구들은 위험할 때 어떤 행동을 취할까?"라는 질문을 통해 곤충의 보호 전략을 아이들이 상상해 보도록 하고, 곤충처럼 숲에서 자연을 닮은 색으로 위장하는 표현 활동도 해 본다. 곤충도 사람과 같이 먹고

[그림2] 애벌레가 자신의 몸을 숨기려고 실을 뽑아 몸을 감싸고 있다. 이렇게 은신하면 다른 천적들이 몰라볼까? 우리 눈에는 다 보이는데.

[그림3] 이 사진 속에서 나뭇가지가 아닌 것은? 자나방애벌레의 놀라운 은신술로, 정말 나뭇
가지 같다. 자나방은 여러 종류가 있으며 애벌레는 자벌레라고 부른다. 자벌레는 독
특한 자벌레만의 운동을 한다. 아이들과 자벌레가 이동하는 모습을 흉내 내는 것도
좋은 지도 방법이다.

살기 위해 열심히 노력하고 자기 자신을 보호하기 위해 애쓴다는
사실을 아이들이 알아차리며 곤충에 대해 친근감과 경외감을 갖
게 하는 것이 곤충과 함께하는 생태 교육의 목적이다. 지구에서
개체 수가 가장 많은 곤충. 우리 인간의 편의적 잣대로 나쁜 곤
충, 좋은 곤충으로 구분 짓는 이기심도 내려놓아야 하지 않을까?

소루쟁이를 먹이로 하는 좀남색잎벌레가 살아가는 모습

소루쟁이(소리쟁이)라는 식물이 있다. 이 식물의 탐구 활동이 단순한 식물 알기에 그치지 않고, 소루쟁이 잎을 먹고 사는 곤충을 통해 먹이사슬 관계도 이해하는 것이 필요하다. 소루쟁이 잎에서 알이나 애벌레를 관찰할 기회를 얻게 되면 왜 곤충들이 잎 앞면이 아니라 뒷면에 알을 낳는지도 알아차리게 된다. 앞면은 햇빛을 받는 부위라 잎의 면이 단단하고 맨질맨질하기 때문에 알을 붙여 낳기가 수월치 않기도 하고, 어린 애벌레의 약한 턱으로는 잎을 갉아 먹을 때 뒷면이 먹기 좋게 여리기 때문이다. 거기에 적으로부터 몸을 감추기 위한 배려도 숨어 있다. 소루쟁이를 좋아하는 곤충들은 서로 사는 시기가 같지 않아서 다툼과 경쟁이

[그림4] 좀남색잎벌레. 남색으로 반짝거리는 모습이 예쁘다.

별로 생기지 않는다. 이것도 우리 인간이 곤충으로부터 배워야 할 점이 아닐까?

좀남색잎벌레가 번데기가 되어 갈 즈음 진딧물이 소루쟁이를 찾아온다. 잘 알려져 있다시피 진딧물은 무당벌레의 먹이이다. 이에 비해 개미는 진딧물의 수호천사가 되어 무당벌레를 쫓아내는 기사 역할을 한다. 소루쟁이 하나에 이렇듯 여러 종의 경쟁과 먹이 활동이 치열하다. 소루쟁이는 번식력이 강해 여러 곤충이 애용하는 식물이 되었다.

3. 곤충에 대한 선입견 내려놓기

"내 탓이 아니에요." — 중국매미충의 항변

중국매미이라고 불리는 주홍날개꽃매미가 나무에 달라붙어 큰일이라며 어떻게든 박멸해야 한다고 매스컴에서 호들갑을 떨던 기억이 난다. 주홍날개꽃매미는 매미처럼 나무에 붙어 사는데 이 매미를 보며 어떻게 박멸할까 하는 고민에 앞서, 왜 이렇게 많은 매미들이 생겨났을까 하는 생각을 한 번 해 봤으면 좋겠다.

곤충이 좋아하는 기후는 아열대기후다. 우리나라처럼 사계절이 뚜렷하고 온대기후를 가진 나라에서는 보편적으로 곤충의 개체 수가 그렇게 많지 않았다. 지구촌 최대의 위기라 불리는 지구 온난화의 영향으로 우리나라도 이제 아열대성기후로 접어들고 있다. 기후의 변화는 사람들의 생활에 여러 가지 영향을 미친다. 아열대 이상의 기후에서나 창궐하는 말라리아모기도 이미 우리나라에 입성(?)했다고 한다.

곤충의 개체 수 급증은 개발 위주의 산업 활동과 보다 편리한 생활을 영위하려는 인간의 욕망이 만든 작품이다. 주홍날개꽃매미의 개체 수 급증으로 피해를 보는 것은 어쩌면 당연한 귀결인 것이다. 농작물이나 나무를 보호하기 위해 약을 쳐서 해당 나무에 있는 매미들을 모두 죽일 수 있을지 몰라도, 곤충을 죽이는 약을 사용하여 해결하려는 것은 대중요법적 처방에 다름 아니다. 사람들의 질병 치료 과정을 보더라도 근본적인 체질의 변화나 면역력 강화 없이 상처 부위만 치료하면 재발률이 높다. 근본적인 문제를 해결하기 위한 접근이 필요한 것이다.

기후 변화는 우리나라만이 노력해서 될 일이 아니다. 다만 지역과 국가뿐 아니라 전 세계적으로 함께 해결할 과제라는 것을 깨닫는 것이 중요하다. 중국에서 건너온 놈이라고 미워하기보다 어쩔 수 없이 생존하기 위한 방편으로 살아가는 주홍날개꽃매미의 모습을 조금은 측은하게 바라볼 필요도 있다. 방제 작업을 통해 약을 치는 것도 필요하겠지만, 약을 치면 나무에게도 좋지 않다. 나무뿐 아니라 나무와 함께 살고 있는 우리 사람에게도 좋지 않은 것은 부인할 수 없다. 몸에 좋은 농약이란 세상에 존재하지 않는다.

주홍날개꽃매미만이 나무에 기대어 사는 것이 아니다. 거의 모든 곤충이 나무에 기대어 생존을 한다. 원래 자연의 섭리는 모든 생명체가 적절한 개체 수를 유지하며 먹이사슬로 아주 정밀하게 엮여 있다. 이렇듯 정밀하게 운영되고 있던 지구 생태계가 교란되어 무너지고 있는 책임은 분명히 우리 사람에게 있다. 책임질 일은 책임지고, 다시 복원되도록 노력하는 것이 우리가 할 일이 아닐까? 생태계 먹이사슬의 최상에 있는 사람만이 지구를 원래대로 돌려놓을 수 있다. 그 일을 할 사람은 바로 '나', 자신인 것이다. 주홍날개꽃매미, 네 탓이 아니다. 우리 탓이다. 이렇게 위로해 주는 것은 어떨까?

생태 교육 활동을 통해 아이들에게도 이러한 사실을 깨닫게 하는 것은 매우 중요하다. 마치 중국매미가 큰 잘못을 저지른 것처럼 취급하고, 죽여서 없애야 할 대상물로 전락하지 않도록 생태 교육 활동 과정에서 아이들의 이해 정도에 맞게 설명을 해 주는 것이 필요할 것이다. 그러려면 먼저 곤충이 자연에서 차지하는 대단한 역할과 존재 가치를 알게 하는 것이 필요하다. 단순히 곤충의 특징과 이름 알기는 생태 교육 활동이 아니다.

익충과 해충의 구분은 사람 중심의 잣대

아이들에게 가장 싫어하는 곤충이 무엇이냐고 하면 아마 모기

[그림5] 주홍날개꽃매미. 지구를 관리하는 책임이 있는 사람이 저지른 지구 온난화에 대한 책임을 곤충에게 전가하는 것은 참 치졸한 짓이다.

라고 말할 것이다. 생존하기 위한 모기의 행위가 사람들에게 피해를 주기 때문에 모기를 해충으로 분류한다. 모기는 사람들을 불편하게 한다. 그러나 조금만 생각을 해 보면 모기의 개체 수가 급증하여 사람들을 괴롭히는 것은, 사람들이 자연을 무분별하게 개발하고 수질을 오염시켜서 일어나는 현상이라는 것을 알 수 있다. 사람들이 깨끗한 환경을 유지하면 모기의 개체 수는 급감한다. 사람이 간섭하여 훼손하고 교란시키지 않은 상태에서의 자연에는 생물종이 아주 적절하게 개체 수를 유지한다. 그리고 이러한 개체 수의 비율이 지속가능한 지구 환경을 유지시켜 주는 작동 기제이다.

사람에게 꿀도 얻게 해 주고 갖가지 이득을 주는 꿀벌 같은 곤충은 익충이라고 하고 모기같이 사람에게 해를 끼치면 해충이라 하는 것은 인간의 이기적인 분류법이라고 생각한다. 자연 생태계에서 살아가는 모든 생물은 존재 이유가 있다. 그들이 살아가며 엮어 가는 먹이사슬과 생태계의 질서는 매우 정교하게 구성되어 돌아간다. 누구 하나 독점하지 않는다. 이러한 생태계의 순환 질서를 아이들이 자연 속에서 혹은 도시공원에서 알아차리도록 지도하는 것이 생태 교육 활동이다.

4. 곤충의 사랑

거위벌레의 모성애

옳지 못한 행동을 하는 사람을 꾸짖거나 혹은 누군가를 경시하는 의미로 "이 벌레만도 못한 놈."이란 말을 한다. 이때의 벌레는 하잘것없는 생물이란 뜻을 내포하고 있다. 정말 하잘것없을까?

숲에 가면 도토리를 열매로 맺는 참나무들을 많이 볼 수 있다. 대부분은 상수리나무이거나 갈참나무인데, 떡갈나무나 신갈나무도 눈에 띈다. 도시공원에서는 졸참나무나 굴참나무는 좀처럼 찾아볼 수 없다. 그런데 도토리가 떨어진 곳을 보면 아주 재미있는

[그림6] 도토리가 달린 채 잘린 갈참나무의 나뭇가지 부위가 아주 매끄럽다. 거위벌레가 알을 낳고 잘라서 떨어뜨린 가지이다. 자세히 보면 도토리 뚜껑 부위에 검은 점이 있다. 이곳에 거위벌레가 알을 낳는다.

장면을 발견할 수 있는데, 아주 정교하고 매끄럽게 잘려 나간 도토리 열매가 달린 나뭇가지가 그것이다.

잘려진 부위가 정말 깔끔하다. 매끄러운 면이 마치 정교한 톱으로 자른 것 같다. 생태 해설을 하면서 이렇게 물어 본다.

"누가 이렇게 매끄럽게 잘랐을까요?"

대답은 가지가지다.

"다람쥐가 잘랐다."

"새가 잘랐다."

사전 지식이나 경험이 있지 않고서는 손톱보다 작은 거위벌레

[그림7] 도토리에서 나온 거위벌레 애벌레, 하얀색이 애벌레다. 도토리에서 나온 애벌레는 땅속으로 들어가 흙집을 짓고 겨울을 난다. 이듬해 5월까지 땅속에 있다가 나와서 약 한 달 동안 번데기로 살다가 우화한다. 보통은 8월에 가장 많이 성충이 되어 활발하게 산란 활동을 하고는 9월 하순경쯤이면 벌써 모습이 보이지 않는다.

의 작품이라고는 생각하지 못한다.

목이 거위처럼 길다고 해서 붙여진 이름이 거위벌레. 이 거위벌레의 모성애는 정말 지극하다. 도토리가 열리는 참나무에 사는 거위벌레는 경이로운 방식으로 알집을 만든다. 거위벌레는 도토리에 알을 낳는다. 이 대목에서 작고 힘없어 보이는 벌레에 대한 우리의 고정관념이 깨어진다.

다람쥐나 청설모는 설익거나 썩은 도토리는 안 먹는다. 땅에 떨어져 상한 도토리처럼 보여야 다람쥐나 청설모, 어치 등 도토리를 먹이로 삼는 동물들이 먹지 않는다. 이처럼 도토리를 보호해야 하는 이유는 무엇일까? 바로 도토리에 알을 낳은 거위벌레의 놀라운 모성애를 발견할 수 있다.

거위벌레의 알이 있는 도토리가 그대로 생나뭇가지에 붙어 있다면, 알은 도토리와 함께 다람쥐 등의 먹이가 될 것임을 거위벌레는 알고 있는 것이다. 거위벌레 암컷은 긴 주둥이를 사용해서 열매 표면에 구멍을 뚫고 거기에 알을 낳고 끈끈한 액체로 덮는다. 그리고 나서는 톱처럼 생긴 주둥이로 나뭇가지를 자른다. 나뭇가지에 나뭇잎이 서너 개 달린 채로 자른다. 알에게 전해질 충격을 줄이고자 나뭇잎이 서너 장 달린 나뭇가지 상태로 잘라 아래로 떨어뜨리는 것이다. 땅에 떨어뜨려 썩은 것처럼 보여야 아무도 건드리지 않는다는 것을 거위벌레 어미는 알고 있는 것이다. 알은 무사히 애벌레가 되어 도토리를 먹이로 삼아 자라난다. 이것이 바로 손톱보다 작은 거위벌레 어미의 새끼를 위한 전략이다. 정말 감동적이지 않은가?

거위벌레의 모성애는 결코 사람보다 못하지 않다. "이 벌레만도 못한 놈"이라고 말하며 벌레를 폄하하지 말고 '거위벌레 같은 분'(?)이란 칭찬은 어떨까?

생태 교육 현장에서 거위벌레를 아이들이 직접 보기는 쉽지 않다. 주로 큰키나무에 살아서 아이들의 눈높이에 닿지 않고, 몸집이 너무 작아서 발견하기도 쉽지 않다. 따라서 잘려진 나뭇가지와 도토리를 관찰하면서 거위벌레의 모성애를 느끼도록 지도한다. 이때 거위벌레 사진을 미리 준비해서 현장의 거위벌레 도토리 알집이나 나뭇잎 알집을 보고 나서 거위벌레의 모습을 사진으로 보여 준다. 실제 현장에 있는 도토리나무를 쳐다보면서 거위벌레를 느끼는 것이다. 눈에 보이지는 않지만 아이들은 사진으로 미리 본 이미지와 상상을 통해 거위벌레를 알 수 있다.

나무 위에 살고 있는 거위벌레에게 하고 싶은 말을 아이들이 돌아가며 전달하는 말 잇기 프로그램을 지도하는 것도 좋다. 교사의 표정과 말투와 스토리텔링 기법에 따라 아이들의 생태적 자극이 깊어지고 감동의 질이 달라진다. 아이들의 감성은 교사의 감성과 비례하여 자라나기 때문이다.

물자라의 부성애

어린 시절 시골에서 자란 분은 많이 보았을 수서곤충 중에 물자라가 있다. 물방개보다는 조금 덩치가 크고 생김새가 사납게 보이기도 한다. 포식성 곤충의 특징인 앞다리가 먹이를 잡기 좋게 발달되어 있다. 물자라는 수컷이 알을 등에 지고 다니며 보호한다. 암컷은 알을 수컷 등 위에 낳고는 훌쩍 어디론가 가 버리고, 수컷이 알을 등에 붙이고는 부화할 때까지 지켜 준다. 대표적인 부성애 곤충이다. 수컷이 등에 지고 다니는 알의 무게는 자신의 몸무게보다 무겁다. 그래서인지 알을 지고 다니면서는 먹이 사냥을 잘 못한다. 거의 굶다시피 하며 알이 부화하는 것에 집중한다. 아빠 사랑이 극진하다.

[그림8] 대표적인 부성애 곤충인 물자라 수컷. 등에 알을 업고 다니다가 알이 부화하면 생을 마친다.

알이 부화할 때쯤 물자라 수컷은 물 위로 등을 드러내고 알이 잘 부화할 수 있도록 기다린다. 알이 전부 부화하면 수컷은 모든 에너지가 고갈되어 죽음을 맞이한다. 대부분 곤충의 수컷은 알을 낳고 죽음을 맞이하는데, 물자라 수컷도 알이 부화하면 죽음을 맞이하는 것이다. 물자라를 관찰하다 보면, 물자라가 물 위를 들락날락하는 것을 볼 수 있다. 물자라는 공기로 호흡하기 때문에 물속에서만 있으면 산소가 떨어져 살 수 없다. 공기 중의 산소를 가져오기 위해서 호흡관이 배 끝에 있다. 머리는 물속에 처박고 물구나무서듯이 배 끝을 물 위로 내밀어 공기 방울을 만든다. 공기 방울이 달려서 물속으로 내려가는 모습이 신기하다. 물자라처럼 성충인 채 평생을 물속에서 사는 녀석들과 달리 잠자리 유충이나 하루살이 유충들은 아가미가 있어서 물속에서 호흡이 가능하다. 성충이 되어 물 밖으로 나오면 아가미 기능을 상실한다.

물자라 탐구 활동을 하면 아이들과 나눌 이야깃거리가 풍부해진다. 아빠에 대해 생각해 보는 시간도 가질 수 있다. 아빠 물자라처럼 우리 아빠들도 자녀를 위해 무슨 일을 하고 있는지 서로 이야기해 보는 시간을 갖는다. 물자라가 살아가는 모습과 우리가 사는 모습이 어떻게 다른지 생각도 해 보고 공통점이 무엇인지 아이들 스스로 찾아보게 한다. 이렇게 물자라와 자신을 비교하는 시간을 통해 곤충도 고귀한 생명체로서 존중받아야 할 존재라는 것을 아이들이 알아차리게 되는 것이다.

5. 주변에서 흔히 볼 수 있는 곤충 관찰하기

배추흰나비와 애벌레 관찰하기

날개를 단 곤충들 대부분은 공중에서 날아다니며 짝짓기 춤을 춘다. 배추흰나비도 예외는 아니어서 암컷은 수컷을 부르는 페로몬을 내뿜고 수컷은 암컷에게 잘 보이려고 공중에서 서로 춤을 추며 탐색한다. 서로 마음에 들면 다행이지만 마음에 안 들면 획

[그림9] 무당벌레 애벌레. 애벌레와 성충은 정말 다르다. 무당벌레 성충은 동그란 귀여운 모습이다.

하고 다른 곳으로 달아나 버린다. 실패한 수컷의 허망함이 느껴진다. 짝짓기를 마친 암컷은 바로 배추밭으로 가서 배추잎 표면에 알을 낳는다. 배추 잎에 낳은 알과 애벌레는 농장 체험을 하다 보면 자주 볼 수 있다.

농사만을 생각하면 애벌레는 농산물로서의 배추를 상하게 하는 해충이다. 그러나 생태 교육 활동에서 애벌레는 탐구 대상이다. 배추를 망치는 해충으로서 애벌레를 대하면 생태 교육 활동은 그야말로 농사 체험으로 전락한다. 농사 체험 활동이 잘못됐다는 말이 아니고 생태 교육의 목적의식을 보다 명확하게 해야한다는 이야기이다. 농장 생태 체험은 농부가 되기 위한 교육이 아니기 때문이다. 배추애벌레를 징그럽고 없애야 할 대상이 되지 않도록 각별히 주의해서 지도해야 한다는 점을 강조하고 싶다.

자연 생태계의 먹이사슬은 아주 정교하게 이루어진 시스템이어서, 우리 사람이 인위적으로 나쁜 놈, 좋은 놈으로 가릴 수 없다는 것을 아이들이 알아차리게 지도해야 한다. 만약에 배추흰나비의 애벌레가 천적이 없이 모두 무사히 살아난다면 개체 수가 너무 많아져서 배추가 남아나지 않을 것이다. 배추가 모자라면 배추애벌레도 생존하기 어렵다. 개체 수가 적당하기에 먹잇감인 배추도 살아 있는 것이다.

무당벌레 애벌레 관찰하기

무당벌레를 잘 모르는 아이들은 거의 없을 것이다. 그러나 무당벌레 애벌레를 한눈에 알아보는 아이들도 거의 없다. 무당벌레는 어린 시절의 모습이 성충과 너무나 다르다. 아이들과 무당벌레 애벌레가 커 가는 모습을 관찰해 본다.

향기를 제공하는 노린재 관찰하기

노린재는 종류가 참 많다. 우리나라에 있는 노린재 종만도 300종 정도 된다고 한다. 노린재는 어디를 가나 볼 수 있어서 아이들과의 곤충 탐구 활동에서 정말 효자 노릇을 톡톡히 하는 녀석

[그림10] 쌍점둥근버섯무당벌레. 도시공원에 가서 잘 살피면 찾기 쉽다. 요즘 선녀벌레, 깍지벌레, 진딧물 때문에 식물들이 힘들어하는데, 무당벌레가 이 녀석들의 천적이다. 약을 치는 것보다 무당벌레에게 구원을 요청하는 것이 더 좋을 듯하다.

[그림11] 무당벌레의 짝짓기 모습도 쉽게 관찰할 수 있다.

[그림12] 알락수염노린재가 짝짓기를 하고 있다. 노린재의 냄새가 향수라고 생각하고 바라
보면 친근감이 더해지지 않을까.

[그림12] 십자무늬노린재의 짝짓기. 노린재의 종류는 정말 많다.

이다. 곤충 탐구 활동을 할 때, 날아다니는 곤충은 채집하기가 쉽지 않은 데 비해 노린재는 움직임이 별로 없어 가까이 가서 관찰하기에 딱 좋다. 잘 도망가지도 않는다. 매미처럼 높은 데 있지도 않고 주로 초본(풀)에 앉아 있어 아이들의 관찰 눈높이에도 적당하다. 노린재 중에는 알을 낳고 그 알이 부화할 때까지 보호하는 에사키뿔노린재라는 녀석이 있다. 등 위에 하트 모양이 있어서 한 번 보면 아이들도 관심을 가질 만한 곤충이다. 에사키뿔노린재 암컷은 알이 부화할 때까지 며칠 동안 꼼짝 않고 품어서 지키고 있다가, 알이 부화하면 기운이 다해 죽는다. 거위벌레의 모성애도 대단한 감동을 주는데 노린재의 모성애도 절절하다.

노린재는 역한 냄새를 내뿜어 적으로부터 자신을 방어한다. '노린내 난다', '구린내 난다' 해서 이름도 노린재라고 붙였다고 한다. 사람마다 정도의 차이가 있겠지만 필자에게는 그렇게 역한 냄새 같지는 않다. 그런데 이런 노린재의 냄새를 희석해서 여성들이 몸에 뿌리는 향수를 만든다고 하니, 노린재가 정겨워 보이지 않나?

노린재를 채집하여 관찰하는 방법으로는 곤충통을 이용하는 것이 좋다. 그런데 노린재 중에는 침을 쏘는 녀석이 있으므로 손으로 잡지 말고 붓 등을 사용해 투명 통에 담는 방법이 좋을 것 같다. 채집한 노린재는 아이들이 돌아가며 관찰하고 다치지 않게 조심해서 놓아 주도록 한다.

곤충 세계의 무법자 사마귀 관찰하기

곤충들 중에는 식물만 먹는 초식성 곤충도 있고, 곤충만 먹는 육식성 곤충도 있다. 대표적인 육식성 곤충으로는 우리 아이들도 잘 아는 사마귀가 첫 번째로 꼽히지 않을까?

필자는 어린 시절 한동안 중국 무술을 동경했다. 중국 무술 중에 당랑권이란 게 있는데, '당랑'이 바로 사마귀를 가리키는 말이다. 말 그대로 '사마귀 권법'인 것이다. 사마귀를 흉내 내며 저녁마다 당랑권 연습을 한 적이 있는데 지금 아이들은 당랑권이란 말조차 들어 보지 못했을 것이다.

사마귀는 비교적 도시공원에도 많이 서식하기 때문에 생태 교육 활동 주제로 적당하다. 사마귀는 자신이 숲에서 차지하는 강자로서의 지위 때문인지 사람이 가까이 가도 도망가지 않는다. 나뭇가지를 주워서 사마귀에게 살짝 들이대면 갈고리처럼 생긴 앞다리로 확 움켜잡기도 한다. 세모난 얼굴은 딱 봐도 싸움을 잘하게 생겼다. 앞다리 중간 마디의 가장자리에는 톱니 같은 가시가 붙어 있다. 곤충을 앞다리로 잡을 때 이 가시가 빠져나가지 못하게 꽉 잡아 주는 역할을 한다.

사마귀가 먹이를 잡아 먹는 장면을 관찰하는 것은 신선한 충격이다. 강한 턱을 움직이며 먹이를 먹는 모습은 포식자의 위용을 그대로 보여 준다. 사마귀는 먹잇감의 부드러운 부분부터 먹기 시작하여 살이 없고 딱딱한 부위는 먹지 않고 버린다.

사마귀 암컷의 알 낳는 장면은 좀처럼 보기 어렵다. 암컷은 나

[그림14] 사마귀는 풀잎과 같은 색으로 위장하며 먹잇감을 기다린다.

뭇가지에 알을 낳는데 알을 낳기 전에 거품부터 만든다. 이 거품
이 알집이다. 이 거품집 속에 알을 낳는다. 거품집은 시간이 지나
면서 단단해지는데, 나뭇가지에 누가 껌을 붙여 놓은 것 같은 모
양이다. 아이들과 함께 겨울 숲 탐구 활동을 하다 보면 키 작은
나뭇가지에 하얗거나 회색빛 껌처럼 붙어 있는 사마귀 알집을 어
렵지 않게 발견할 수 있다. 봄이 되면 알집에서 수백 마리의 사마
귀 새끼들이 나온다. 거품의 역할은 겨울 내내 알을 보호하는 기
능성 보온집인 셈이다.

사마귀는 먹잇감이 사정거리에 올 때까지 인내심을 가지고 꼼
짝 않고 기다리기 때문에, 아이들이 실제로 사마귀의 먹이 사냥
모습을 현장에서 함께 기다리며 지켜 보기에는 좀 지루하다. 아
이들은 오래 기다리지 못할 테니까 말이다. 그렇다고 사마귀를

[그림15] 사마귀의 알집. 얼핏 보기에는 나뭇가지에 껌을 붙여 놓은 것 같다. 나뭇가지에 거품 집을 만들어 겨울을 난다. 자기 새끼들을 추위에 보호하려는 사마귀의 모성애이다.

잡아다 놓고 먹이를 주면서까지 인위적으로 관찰을 시도하는 것은 그리 바람직하지 않다. 자연 생태계에는 나름대로의 질서가 있는데 사람의 편의를 위해 인위적으로 환경을 조성하면서까지 관찰하는 것은 생태 교육의 생명 존중 가치에 역행하는, 재미만을 위한 행동일 수 있기 때문이다. 사마귀도 생명체이다. 장난감처럼 아이들의 재미를 위한 욕구 충족의 대상으로 전락해서는 안 된다.

이렇게 강한 사마귀도 생태계에서는 다른 포식자의 먹이가 된다. 거미나 개미 군단, 개구리 등 사마귀를 먹이로 취하는 생물들의 먹잇감이 되는 것이다. 이러한 자연의 먹이사슬 체계를 아이들도 생태 교육 활동을 통해 깨닫게 된다. 서로 먹고 먹히면서도 약속이나 하듯 개체 수가 적당하게 조절되는 것이 생태계의 신비로움이다. 만약 인간이 간섭하여 사마귀를 마구 잡아 죽인다면 자연의 먹이사슬은 깨지게 된다. 사람이 인위적으로 생태계를 간섭하게 되어 발생하는 문제가 지금의 환경문제라는 것을 심각하게 숙지해야 한다. 그렇다고 심각성만을 강조하는 것은 바람직하지 않다. 생태계의 질서가 잘 유지되도록 보호하는 의무가 우리 사람에게 있다는 것을 아이들이 알아차리게 하는 것이 생태 교육이다.

열매처럼 보이는 곤충의 알집

마치 열매 같기도 한 벌레집을 보면서 나무와 곤충의 관계를 이해하기도 한다. 봄이 되어 도시공원이나 숲으로 생태 교육 활동을 나가면 식물의 잎이나 줄기에 혹처럼 달라붙어 있는 것을 볼 수 있다. 크기와 모양이 가지각색인 혹들이 무엇일까 한 번쯤 궁금해서 살짝 건드려 보기도 한다. 이 혹들은 벌레집이다. 이렇게 생긴 벌레집을 만든 생물은 다양한데, 주로 벌류나 파리류, 매미류 등이 이렇게 생긴 벌레집을 만든다. 곤충이 산란하기 위해 산란관을 식물에 꽂고 알을 낳으면 식물이 방어 기능을 하면서 만들어지는 것이 이런 벌레집이다. 식물의 입장에서 보면 곤충의 침입을 방어하기 위한 세포 분열 활동인데, 이렇게 부풀어 오른 식물 조직이 곤충 입장에서 보면 알을 보호하고 애벌레가 집으로

[그림16] 때죽나무 벌레집. 바나나처럼 생겼다.

[그림17] 벚나무잎에 있는 벌레집. 애벌레가 잎에 붙어 있는 것 같다. 사사키잎혹진딧물이 알을 낳아서 생긴 벌레집이다. 알이 부화해서 성충이 되면 다시 벚나무를 찾아와 알을 낳는다. 벚나무가 주는 선물이다.

[그림18] 느티나무에 톡 튀어나온 혹 같은 것이 보인다. 느티나무외줄면충이란 벌레가 알을 낳아서 생긴 알집이다.

이용할 수 있는 보금자리가 되는 것이다. 식물 입장에서 보면 곤충이 미울 것이다. 식물이 방어하려고 만든 조직이 애벌레의 집도 제공되고 먹이도 되니 곤충 입장에서는 일석이조인 셈이다.

아이들과 현장에서 벌레집을 발견하고 관찰할 때는 주의할 점이 있다. 현장에서 벌레집을 채취하여 잘라서 보고 버리는 행위는 생물을 도구화하는 행위이기 때문에 가급적 피하는 것이 좋다. 생태 교육 지도사를 양성하기 위한 교육 과정에서는 교사들의 이해도를 높이기 위해 벌레집 한 개를 떼어 내서 잘라 보며 상태를 확인하기도 하지만, 아이들에게 보여 주기 위해 아이들 앞에서 채취하고 자르면 생명을 위하는 생태 교육이 아닌 과학 실험 시간이 된다. 아이들의 호기심을 채우고 재미만을 위한 방식

[그림19] 나무껍질에 알을 붙여서 낳은 벌레집

[그림20] 루페로 들여다본 모습. 루페를 대고 카메라로 찍으면 이렇게 확대된 모습으로 촬영할 수 있다. 알이 부화하여 애벌레가 되어 나간 집이 여러 개 보인다.

으로 지도하게 되면 아이들은 점점 더 강한 자극을 원하게 된다. 살아 있는 생물이 실험 대상으로 전락하게 되면 그건 더 이상 생태 교육이 아니다. 개체 수가 많으니 괜찮다고 위안하는 이도 있으나 꼭 필요한 경우가 아니라면 집단 교육 활동에서는 지양하는 것이 좋다. 자연의 도구화가 생태 교육 활동에서 가장 경계해야 할 대목이기 때문이다.

벌레집의 모양도 다양하니 벌레집을 찾는 탐구 활동도 나름 재밌다. 지나가다 흔히 보이는 쑥에 하얀 솜 같은 것이 줄기를 감싸고 있는 것을 볼 수 있다. 이것도 벌레집이다. 쑥혹파리라는 녀석이 알을 낳은 것이다. 더 신기한 모양은 때죽나무에 붙어 있는 벌레집이다. 때죽나무의 벌레집은 때죽납작진딧물이 만든 집인데 언뜻 보아도 바나나 모양이다. 7월쯤 눈에 띄기 시작하는데 그 안에 애벌레들이 바글댄다. 생태 교육 교사 연수 시간에 한 번 잘라서 안을 보여 주니 교육생들이 기겁을 한 기억이 난다.

아이들보다 어른들이 곤충에게 다가가기가 어렵다. 특히나 애벌레일 경우는 더하다. 징그럽게 느껴진다는 것이 솔직한 생각일 것이다. 그래서 아이들과 곤충, 특히 애벌레 탐구 활동에서는 주의가 필요하다. 교사가 징그럽게 대하고 기겁을 하면 아이들은 애벌레를 적대적인 대상으로 생각하고는 더 이상 친구 하기를 거부할 테니 말이다. 생태 교육 지도가 이런 점에서도 좀 어렵다.

이러한 자연의 현상을 생명의 경이로움으로, 감동적으로 받아들이는 마인드컨트롤이 필요한 이유다. 교사 스스로 생태적 감수성을 기르기 위한 노력이 따라야 하고, 자연 생태계의 오묘한 질서와 생물들 나름대로의 생존 전략을 신비하게 생각하는 훈련을 하는 것이 필요하다. 마음을 먹는다고 바로 되는 것은 아니지만 감수성 훈련을 통해 변화된다는 것은 경험을 통해 확신한다.

가을철이면 붉게 물드는 붉나무에 만들어지는 벌레집은 '오배자'라고 부르며 약재로도 쓰인다. 붉나무의 벌레집은 공기가 청정한 곳에서나 볼 수 있다고 한다. 도시공원에도 붉나무가 많은데 한 번도 벌레집을 보지 못한 이유가 있는 것이다. 광릉수목원에서는 발견했는데 도시에서는 볼 수 없었다.

[그림21] 수서곤충을 관찰하기 위한 준비물. 흰색 플라스틱 쟁반, 붓, 뜰채, 샬레 등이 있다.

[그림22] 돌을 들추었다 바닥에 붙어 있는 날도래집을 발견했다. 하루살이 유충과 날도래ㆍ
강도래 유충은 붓을 이용하여 채집한다.

[그림23] 돌에 붙어 있는 날도래와 하루살이 유충을 옮겨 담는다. 돌에 작은 돌들이 붙어 있
는데, 바로 날도래집이다. 이 안에 날도래 애벌레가 살고 있다.

[그림24] 붓을 이용해 뜰채에서 흰색 플라스틱 쟁반으로 유충들을 조심스레 옮겨 담는다.

[그림25] 하루살이 성충은 루페로 관찰한다.

[그림26] 하루살이 유충이다. 유충과 성충의 모습이 너무나 다르다.

[그림27] 기록지에 기록한 관찰 현황으로 대상지의 수질과 생물상 하천의 상태를 진단한다.
수서곤충의 개체 수와 종류를 알면 하천의 수질 상태를 진단할 수 있다.

수서곤충의 세계를 들여다보자

수서곤충 탐구 활동도 재밌다. 수서곤충 탐구 활동은 주변의 습지나 하천 상류에 가서 아이들과 진행할 수 있다. 수서곤충은 말 그대로 물에서 사는 곤충을 말한다. 쉽게 발견할 수 있는 잠자리 유충, 하루살이 유충, 날도래·강도래 유충과 물이 흐르는 속도(유속)가 빠르지 않은 습지에 사는 소금쟁이, 방개, 물자라 등이 관찰하기 쉬운 종류일 것 같다. 수서곤충 관찰을 위해서는 준비할 도구가 있다. 루페나 돋보기는 기본이고 흰색 플라스틱 쟁반, 투명 곤충통, 붓과 작은 족대, 때에 따라서는 습지에 신고 들어갈 장화가 있어야 한다.

6. 곤충의 도구화를 경계하자

생명 없는 생태 교육, 생명체가 장난감이 된다

요즘 초등학교 방과 후 활동에서 유행처럼 번지는 '○○생명과학' 같은 교육 상품이 있다고 한다. 햄스터나 누에, 장수풍뎅이나 작은 물고기 등을 아이들이 관찰하고 만져 보면서 하는 체험 프로그램이라는데, 아이들이 직접 만져 보며 관찰하고 나면 집으로 가져가게 한다고 한다. 재료비로 받았으니 소비자에게 보내는 것이 당연하다고 생각하는 것 같지만 문제는 활동 방식이다.

햄스터를 관찰하고 집으로 보내면 엄마가 귀찮다고 버리라고 하는 집도 있다고 한다. 햄스터가 냄새도 나고 키우기도 번거로우니 내다 버리라는 거다. 아이들은 엄마의 말에 따라 집 밖에다 버리는데, 쓰레기통이나 하수구에 버리기도 하고, 어떤 경우는 변기에 버리고 물을 내린다는 이야기도 들린다. 생명 과학 활동이라고 하는데 정작 생명은 없다. 단지 과학이란 껍데기로 포장된 살아 있는 장난감이 있을 뿐이다. 작은 물고기를 가져와서 탐구 활동을 하는 방식도 문제다. 물에 사는 생물들은 온도에 민감하다. 아이들이 돌아가며 만지면 얼마 못 가 물고기는 죽는다. 죽은 물고기는 쓰레기가 된다. 가져다 버리면 그만이다. 자책도 없고 안쓰러움과 생명에 대한 경외심은 아예 찾아볼 수 없다. 이런 활동이 버젓이 공교육기관인 학교에서 학부모들의 사비를 받아 진행된다고 하니 기가 막힐 노릇이다.

이렇게 생명 과학 활동을 체험한 아이들에게 실험 생물은 죽으면 버리면 되고, 아쉬우면 다시 돈으로 살 수 있는 장난감으로 기억된다. 이런 체험을 한 아이들이 자라면서 돈이면 다 된다는 가치관을 갖게 될까 두렵다. 돈의 가치 위주로 살아가는 세상에서 일어나는 사회문제들이 얼마나 많은가? 재산 때문에 자식이 부모를 살해하고, 형제간에 재산 다툼이 끊이지 않으며 월세 낼 돈이 없어 모녀가 자살하는 사건이 비일비재하다. 돈이 중심인 사회가 자본주의라는 것을 부정할 수는 없지만 사람답게 살아야 한다는 모토의 실현이 그만큼 절실한 것도 현실이다.

힐링(healing)이란 용어가 유행어가 되었다는 것이 현 시대의 고통을 대변한다. 자연과의 교감을 통한 생명에 대한 경외감을 어린 시절부터 강화해야 하는 이유가 여기에 있다. 생태 교육은 현재의 상황을 극복하고 전환하기 위한 대안인 것이다.

바다거북의 눈물

자녀와 함께 '○○ 곤충 체험전'이란 행사에 참여했던 생태 교육 지도사 한 분이 하소연하던 기억이 난다. 곤충 체험전이라고 해서 아이를 데리고 갔는데 커다란 바다거북이 있었다고 한다. 커다란 바다거북을 직접 봐서 신기하기도 했는데, 주최 측에서 거북 등 위에 아이들을 태우고 사진을 찍도록 이벤트 행사를 했다고 한다. 심지어 어른까지 등 위에 올라타게 하고 사진을 찍는데, 어른 아이 할 것 없이 긴 줄을 서며 기다렸다가 찍더란다. 거북을 살펴보니 똥과 오줌을 흘리며 힘들어하는 모습이 역력한데, 입장료가 아까워서인지 사진 한 장 찍으려고 기어코 줄을 서서 기다리는 사람들의 모습을 보며 거북에게 미안한 마음을 감출 수가 없었다고 한다. 그야말로 신종 동물 노예인 셈이다.

장수풍뎅이 코너에서는 더 황당한 일이 있었다고 한다. 살아 있는 장수풍뎅이를 말려서 만든 반지와 목걸이, 팔찌 등이 상품으로 전시되어 있었는데, 안내자가 매우 귀한 것처럼 너스레를 떨며 한다는 말이, 죽은 상태가 아닌 살아 있는 상태에서 말려야 이런 빛깔이 나온다면서 장수풍뎅이 목걸이를 선전했다고 한다. 살아 있는 상태에서 말린 곤충 액세서리는 무당벌레를 비롯해 다양한 종이었는데, 야간에도 잘 보이게 형광물질까지 발라 놓았다고 한다. 참으로 어이가 없는 일이다. 이런 행사를 주최하는 사람들도 그렇지만, 이런 행사에 입장료를 내면서 생태 체험 학습이란 명목 하에 아이들을 끌고 가는 교육기관과 부모들은 어떻게 아무렇지 않은지 개탄스럽다. 오늘날 지구환경의 위기 상황이 인간의 이기심으로 인한 필연적 결과란 사실을 이 행사가 웅변해 준다.

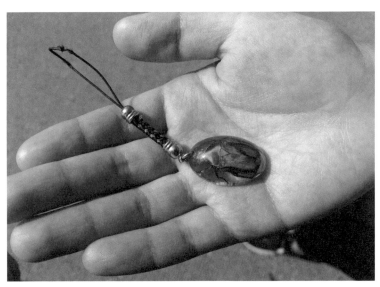

[그림28] 풍뎅이를 산 채로 말려서 만든 휴대전화 걸이다. 아이들에게 살아 있는 곤충이 장난감이 되었다. 이런 상품이 버젓이 팔린다는 것이 안타깝다.

어쩌면 부성애를 상징하는 물자라도 알을 업고 있는 상태 그대로 말려서 아이들에게 전시품으로 나올 수도 있을 것 같다.

"재미난 곤충 물자라를 보세요. 알을 아빠가 업고 있네요. 재밌죠?"

"우리가 살아 있는 것을 힘들게 잡아, 그대로 말려서 만든 진짜 모습 그대로입니다. 신기한 생태 체험이지요?"

이렇게 자랑스럽게 안내를 할지도 모른다. 어디에도 물자라의 자식 사랑의 애틋함과 자기 종의 생존과 번식을 위한 경이로운 감동을 느낄 수 있는 자리는 없다. 생태란 용어가 상업화하면서 생기는 폐해이다. 어떻게 바로잡을 수 있을까? 이 글을 읽는 모든 분이 나부터 시작해서 주변 사람들을 한 명 한 명 이해시키고 자기 아이부터 인식을 바로 하게 하면, 시간이 좀 걸리겠지만 바로잡게 되지 않을까? 바로 잡지 않으면 피해를 입는 것은 우리 아이들이다. 우리 아이들의 가치관이 흔들리면 미래가 흔들린다.

대부분의 식물들은 자기 자신을 방어하기 위한 방어물질을 가지고 있다. 일종의 독이다. 그러나 식물의 방어물질도 그 식물을 먹잇감으로 삼은 곤충에겐 영향을 미치지 못한다. 아마도 특정 식물만을 먹어 온 곤충이 먹이 식물의 방어 물질을 해독할 수 있는 체질로 진화한 것이라고 생각된다. 예를 들어 보자.

식물 중에 박주가리가 있다. 맛과 향, 생김새 등이 특이한 식물이다. 박주가리는 잎의 생김새도 심장 모양이라 특이하고, 잎을 잘랐을 때 우윳빛 즙이 나오기 때문에 다른 식물에 비해 시각적

[그림29] 박주가리 잎과 열매, 박주가리 잎은 심장 모양이다. 잎을 따면 우윳빛의 끈적끈적한 즙이 나온다.

[그림30] 박주가리 열매를 잘라 보면 이렇게 생긴 씨앗이 들어 있다. 아직 덜 익은 상태의 씨앗이다.

[그림31] 박주가리 씨앗이 거의 다 여물어 날아갈 준비가 되었다. 하얀 깃털을 달고 날아가는 박주가리 씨앗의 모습이 재밌다. 아이들도 박주가리 씨앗처럼 하늘을 날아가고 싶지 않을까?

자극이 강하다. 우윳빛 즙은 만지면 끈적거린다. 이 즙이 바로 박주가리의 천적 대비 방어 물질이다. 곤충이 잎을 먹으려고 하면 끈적대는 우윳빛 즙이 곤충의 입에 달라붙어 씹기 불편하게 만든다. 또 이 즙에는 독성이 있어서 즙을 먹은 곤충이 죽을 수도 있다. 물론 박주가리를 주요 먹이로 삼는 곤충들에게는 해당되지 않는 것 같다. 박주가리를 주로 먹는 중국청남색잎벌레는 박주가리 독성을 몸속에 저장하여 다른 천적이 자신을 먹지 목하도록 방어하기도 한다. 참으로 신비한 관계이다. 박주가리가 천적인 곤충을 물리치기 위해 만든 방어 물질을 자신의 방어 무기로 재활용하니 말이다.

박주가리는 열매도 특이하다. 늦가을에 박주가리 열매를 열어 보면 하얗고 긴 털을 가진 씨앗들이 촘촘히 숨어 있다. 씨앗이 익으면 열매가 터지면서 밖으로 날아오르며 씨앗의 번식 여행이 시작된다.

아이들과 씨앗 불기 놀이를 하며 박주가리 씨앗 여행에 함께하는 것도 재밌는 활동이 된다. 박주가리같이 씨앗이 하늘을 날아 멀리 퍼지며 번식하는 식물들의 특징도 알게 된다. 박주가리의 모양과 특징을 관찰한 뒤에 아이들을 모둠으로 나누고 씨앗을 불면서 이어가는 릴레이 놀이도 할 수 있다. 박주가리 씨앗은 털이 길고 많이 달려 있어서 땅에 쉽게 떨어지지 않는다. 그래서 입으로 불면서 하는 씨앗 불기 놀이도 재밌게 진행할 수 있다.

달팽이 키우기?

달팽이를 잡아다 키우는 교육기관이 많다. 식용 달팽이를 사다 유리관에서 키우는 집도 많다. 달팽이는 크기도 작고 실내에서 기르면 생명을 유지하기가 어렵다. 그런데도 교육이라는 이름으로 달팽이를 잡아다 키우면서 생태 체험이라고 할 수 있을까? 과학 실험 도구로서의 달팽이는 아이들에게 경이로운 생명체로 보이지 않는다. 배춧잎을 넣어 주며 먹는 장면을 살펴보고, 알을 낳는 장면을 보면서 아이들은 달팽이가 아무 곳에서나 자랄 수 있다고 생각하게 된다. 유리관이 달팽이의 서식 환경이라고 생각하게 된다. 생물에게 서식 환경이란 매우 중요하다. 달팽이가 살아가는 자연 생태계의 서식 환경이 아닌, 유리관에서 알을 낳고 부화하면 알에서 부화한 달팽이는 유리관이 서식처인 셈이다. 먹이도 사람이 주는 것만 먹고 살면서 전시용으로 일생을 살게 되는 것이다. 아이들이 달팽이라는 생물의 특징을 알기 위해 가두어 놓고 관찰하며 생을 마감할 때까지 지켜 보는 교육은 어떤 의미가 있을까 생각해 봐야 한다.

에코 산책
생태 교육

8장

갯벌을 주제로 한 생태 교육

1. 갯벌 생태 교육 지도의 원칙

갯벌은 아이들의 감수성, 인성, 사회성을 키우는 교육장

갯벌은 육상 생태계와 해양 생태계 사이의 완충지대로서 육상에서 내려온 오염 물질을 정화해 주는 곳이다. 또한 홍수 조절 기능 또한 뛰어나다. 그뿐 아니라 갯벌은 있는 그 자체로 경관이 수려하여 생태 관광지로서의 기능도 있다. 이는 갯벌에서 생산되는 수산물의 생산성과 경관 및 관광 기능을 합친 개념으로서의 경제적 가치가 뛰어남을 의미한다. 이러한 기능을 갖춘 갯벌을 생태 교육 프로그램을 통해 전달하기 위해서는 아이들의 눈높이에 맞는 지도 방식이 필요하다. 갯벌의 가치를 일일이 설명하기보다는 갯벌은 좋은 곳, 고마운 곳이라는 인식을 갖도록 아이들의 인지 발달단계에 맞는 해설 및 프로그램이 중요한 것이다.

갯벌에 들어갈 때는 손님의 자세로

아이들에게 갯벌은 감수성과 인성을 향상시키는 데 더할 나위 없는 생태 교육장이다. 아이들은 움직이는 생물에 관심이 많다. 생태 교사들이 항상 겪는 일이지만 숲에서도 아이들은 나무와 풀보다 움직이는 개미에 관심을 보인다. 갯벌에서는 생물들이 대부분 움직인다. 그것도 길게나 칠게 등 게들을 제외하고는 빠르게 움직이는 생물이 별로 없다. 천천히 움직이기 때문에 아이들의 관심을 끌 요소가 충분하다. 갯벌 생태 지도 과정에서 주의하고 집중해야 하는 이유도 여기에 있다. 왜냐하면 생태 교육을 통해 생명의 가치를 받아들이기 전의 아이들은 움직이는 갯벌 생물들을 하나의 장난감으로 보기 때문이다. 개미를 아무렇지도 않게 밟듯이, 갯벌에서 움직이는 생물을 만져 보고 던지기도 하고 심지어는 비닐봉지나 종이컵에 담아 들고 나오는 경우도 허다하다. 이럴 경우 대부분의 생물들은 얼마 못 가 죽는다. 가져나오다가 그냥 버리는 경우가 많기 때문이다. 생물이 갯벌과 떨어지면 움직임이 둔해지고, 움직이지 않으면 아이들은 흥미를 잃고 그냥 버린다. 살아 있는 생명체가 아니라 가지고 놀다 지루해지면 버

[그림1] 갯벌에서 우리는 손님이다. 아빠 참여 수업으로 진행한 갯벌 체험 후 다 함께 찍은
사진이다.

리는 장난감으로 여기기 때문이다.

　따라서 갯벌 생태 교육에서 가장 중요한 것은 사전에 갯벌을
대하는 자세를 올바로 알게 하고 갯벌에 들어가는 것이다.

　갯벌은 수많은 생명체들의 서식처다. 사람들이 사는 공간이 아
닌 해양 생물들의 터전이자 집이다. 아이들이 이를 명확히 이해
하는 것이 중요하다. 아이들의 경험에 기초해서 해설할 필요가
있다. 예를 들자면 이런 식으로 아이들에게 질문을 던지면 어떨
까.

　"우리 집에 허락도 없이 문을 열고 누군가 들어온다면 우리는
기분이 어떨까?"

아이들 스스로 생각하게 한다. 아마도 기분 좋은 손님으로 맞겠다는 아이는 없을 것이다. 아이들도 이렇게 우리 가족이 살고 있는 집에 누군가 허락도 없이 마구 들어온다는 것을 좋지 않은 행위라고 인식한다. 갯벌도 갯벌 생물들의 집이라는 사실을 알려 주고 갯벌 생물들의 집에 우리들이 방문했다는 것을 명확하게 인식하도록 지도한다. 이때 강압적이고 지시형 방식이 아닌 아이들 스스로가 답을 찾을 수 있도록 유도하는 방식이어야 한다. 교사가 "이건 안 되고, 이건 하지 말고…." 하는 식의 일방적 지시 방식은 지양해야 한다. 아이들 스스로 교사가 의도하는 바를 알아차릴 수 있도록 끈기를 가지고 유도하는 질문 방식으로 지도하는 것이 좋다.

2. 갯벌 생물을 대할 때의 자세

사람의 체온으로도 상처 입을 수 있는 갯벌 생물

해양 생물은 육상 생물에 비해 체온이 낮다. 인간의 체온으로도 해양 생물들에게 상해를 입힐 수 있다. 따라서 갯벌 생물들을 대할 때의 주의할 사항에 대해서도 아이들의 경험에 비추어 설명할 필요가 있다. 뜨거운 것에 손이나 다른 부위를 데어 본 적이 있는 친구들이 있는지 물어 본다. 데었을 때의 느낌이 어떤지 이야기하는 과정을 통해 아이들은 뜨거운 것을 만졌을 때 아픈 기억을 떠올리게 된다. 이러한 경험을 바탕으로 우리가 그냥 손으로 만졌을 때 갯벌 생물들이 느낄 상황을 상상하게 하는 것이다. 이렇게 지도하고 나면 대부분의 아이들이 이런 상황을 만들지 않기 위해 노력하는 것을 볼 수 있다.

한 번 더 강조하는 바이지만 아이들에게 해설할 때는 아이들이 스스로 자신의 느낌과 요구하는 답을 직접 표현할 수 있도록 도와주는 방식으로 지도해야 한다. 아이들과 주고받는 방식의 해설 기법이 매우 중요하다는 것을 다시 한 번 강조한다. 일방적인 지식 전달 방식의 해설 지도는 지양한다. 아이들이 스스로 깨닫는 과정을 통해 생태적 감성을 북돋우게 하는 것이 생태 교사의 임무라는 것을 항상 잊지 말아야 한다.

갯벌에서 생태 교육의 기본은 마주이야기이다

상호작용에 익숙지 못한 생태 교사는 참여자들의 그때그때 분위기와 감정 등을 살펴보지 않고 자신만의 지식과 정보를 일방적으로 해설하는 경우가 있다. 이런 것은 생태 해설이라고 할 수 없다. 훌륭한 해설은 반드시 상호작용이 바탕이 되어야 한다. 일방적인 지식 전달은 해설이라고 할 수 없다. 아이들에게도 마찬가지다. 아이들과 눈을 맞추고 감정을 느끼면서 아이들의 눈이 어디로 향하고 있는지 관심의 흐름을 쫓아가야 한다. 관찰하고 싶도록 분위기를 조장해 주고 적절한 질문을 던져 상호작용이 되도록 진행한다.

갯벌에 들어가서 접하는 생물들을 유아들과 함께 관찰하면서 해설할 때는 반드시 상호 간 소통하는 방식을 통한 해설이어야 한다.

아이들의 감성은 학부모의 감성에 비례한다.

생태 교육은 학부모들의 참여를 통해 완성된다. 학부모들도 아이들처럼 직접 생태 현장에서 체험활동을 하는 것이 반드시 필요하다. 아이들의 생태적 감수성은 부모의 영향을 많이 받기 때문이다. 학부모들이 생태 교육에 대해 이해하지 못하면 생태 교육 효과는 지속되지 못한다. 몇 년 동안 학부모 대상의 생태 체험활동을 진행해 본 결과 참여자들의 반응이 매우 좋았다. 참여자 모두 매우 만족하며 생태 교육에 대한 이해의 폭도 넓어지고 학부모들 스스로 생태 체험활동에 지속적으로 참여를 희망하는 경우도 많았다.

갯벌에서 생물을 채취하는 것도 생태 교육일까?

갯벌은 오래전부터 갯벌 주변 사람들의 생계 터전이기도 한 곳

[그림2] 갯벌에서의 생태 체험은 학부모들에게도 힐링 그 자체이다. 갯벌을 날아오르며 추억
을 만든다.

이다. 갯벌에서 채취한 생물을 잡아서 식량으로 먹기도 하고, 팔
아서 자식들을 키우는 수단으로서 활용했다. 갯벌의 꼬막잡이배,
머리를 수건으로 동여 매고 조개와 굴을 따는 아낙네들의 모습이
먼저 떠오르는 것도 그 때문이다.

　문제는 이렇게 생존의 수단으로 이용하던 갯벌의 면적이 줄었
다는 것이다. 갯벌이 논이나 공산품을 만드는 공장 용지로 매립
되어서 그렇다. 갯벌은 개인 소유가 아닌 공공 영역, 즉 공유수면
이라서 토지 매입비가 들지 않는다. 매립만 하면 바로 육지처럼
이용할 수 있어 개발 비용이 상대적으로 적게 드는 것이 갯벌을
매립하는 가장 큰 이유이기도 하다.

그러나 갯벌은 논이나 공장 용지보다 훨씬 큰 경제적 가치가 있다는 사실이 여러 과학자들의 연구로 밝혀지고 있다. 갯벌이 논에 비해 생산성이나 생물적 가치가 높다는 것이 알려지면서 갯벌 매립이 얼마나 어리석은 짓이었는지 밝혀진 것이다. 이제는 다시 복원하려고 해도 매립할 때보다 수십 배의 돈이 더 들 뿐 아니라, 복원해도 수십 년이 지나야 옛모습을 찾을 수 있어 이러지도 저러지도 못하는 것이 지금의 실정이다. 한치 앞도 못 보는 게 인간의 우매함이란 생각이 든다. 이용할 수 있는 갯벌의 면적도 줄고 갯벌을 생계삼아 살아가는 사람도 줄었다. 그런데 갯벌에서 생물들을 채취하며 이뤄지는 체험활동은 생태 교육이 추구하는 생명 존중과 인간과 다른 종과의 공존 공생의 가치 추구와도 맥을 같이하지 않는다.

아이들에게 호미를 들고 갯벌에 들어가게 하는 것은 생명을 존중하는 가치와 부합하지 않는다. 사람은 먹이사슬의 가장 위에 있는 포식자로서 식물과 동물을 섭식하는 것이 생리이다. 하지만 이렇게 자연 생태계의 한 구성원으로서 먹고살기 위한 수단이 아닌, 교육 활동으로서의 생태 체험에서 생물들을 먹잇감과 장난감처럼 취급해서는 안 된다. 갯벌에서 잡은 밤게와 길게, 좁쌀무늬고둥, 서해비단고둥을 비롯한 생물들을 플라스틱 통이나 비닐봉지에 가득 담아서 나오는 아이들이 있다. 아이들은 이들을 집에서 키우려고 가져간다고 한다. 갯벌 생물들은 자신들의 서식처인 갯벌을 떠나서는 살 수 없다. 이런 것을 아는지 모르는지 아이

[그림3] 아이들과 교사가 옹기종기 모여 갯벌 생물들의 움직임을 관찰하고 있다. 갯벌에 손 님으로 들어온 아이들은 갯벌 생태 교육을 통해 인성과 감수성이 부쩍 성장한다.

들을 데리고 온 교육기관의 원장이나 교사들은 이런 모습을 방관 하거나 부추기기도 한다. 누가 더 많이 잡았는지 경쟁을 부추기 는 식으로 말이다. 참으로 어이없는 장면이다. 가지고 나온 생물 들은 얼마 못 가 모두 죽는다. 설혹 집에 가지고 가더라도 부모들 이 질색을 하고는 바로 쓰레기통에 버리고 만다. 잘 몰라서 그렇 다고 넘어가기에는 너무나 큰 잘못이다. 생태 교육의 기본도 제 대로 알지 못하는 교육자들이 너무 많다. 모르면 하지 말아야 한 다. 선무당이 사람 잡는다고, 미래 우리 사회의 지도자가 될 아이 들에게 바르지 못한 교육이 얼마나 큰 피해를 주는지 깊이 성찰 해 볼 대목이다. 올바른 갯벌 체험은 채집 활동이 아니라, 생태적 가치를 기본으로 하는 생명 존중의 가치를 깨닫게 해 주는 교육이어야 하는 것이다.

갯벌 생태 체험의 문제가 적나라하게 나타나는 실제 사례를 들어 보겠다. 요즘도 많이 찾고 있는 갯벌 체험 학습장 풍경이다.

한 무리의 유치원 아이들이 올망졸망한 모습으로 한 손에는 까만 비닐봉지를, 다른 한 손에는 아이들이 들기에 조금 버거워 보이는 호미를 들고 차례를 기다리고 있다.

맨 앞에는 노란 조끼를 입은 노인네 한 분이 앞 칸이 트랙터로 된, 마치 코끼리열차를 본 뜬 두 칸짜리 차량에 아이들과 어른들을 태우고 있다. 젊은 여성은 모양새를 보니 담임 교사임이 틀림없다.

이들을 태운 코끼리열차(?)는 갯벌을 짓밟으며 갯벌 안쪽으로 운행을 시작한다. 한참을 갯벌을 뭉개며 운행한 코끼리 차량은 아이들을 내려 주고 다시 출발점으로 돌아온다. 한 1시간 정도 지나 갯벌에 내려 준 아이들을 다시 데려온다. 다시 갯벌을 짓뭉개며… 갯벌에 내려진 아이들은 자유분방하게 호미질을 해대다 그것도 재미없는지 갯벌에서 달리기도 하고 하릴없이 호미질을 해대기도 한다. 열심히 호미로 펄을 내리치고 있는 모습이 오히려 안쓰럽게 보인다. 주최 측에서 미리 뿌려 둔 바지락과 동죽조개가 더러 발견되면서 그나마 재미를 돋우기는 하는 모양이다. 조개를 캐

오지 못한 대부분의 아이들을 위해 주최 측에서 준비한 새끼 바지락을 한 움큼씩 담아 준다.

사진사의 이러저러한 포즈 요구가 들려온다. 몇 컷의 사진을 찍고 발을 씻기 위해 수돗가로 이동하는 무리의 얼굴에는 흥겨움 대신 여름 볕에 지친 표정이 한가득 잡힌다.

어느 유치원(어린이집)에서 진행한 소위 '갯벌 생태 체험 학습'의 하루를 실제로 담은 이야기이다. 많은 유치원(어린이집), 학원, 학교 등이 이러한 생태 체험 학습을 진행하고 있는데, 사실 이러한 생태 체험 학습은 가져가면 쓰레기로 버려질 조개 수집이나 보여 주기 위한 사진 몇 컷을 위한, 단지 학부모에게 확인을 시켜 주기 위한 형식적인 절차에 불과하다.

생태 교육은 자연의 고마움과 감동을 감성의 자극을 통해 깨닫게 하는 행위이다. 나무와 풀, 살아 있는 모든 생명체를 존중할 줄 아는 아이들이 되도록 도와주는 행위이다. 이기적인 물질문명에 길들여지는 미래 세대에게 자연과 인간이 공생해야 한다는 자연관을 갖도록 보조하는 행위인 것이다.

생태 교육은 이벤트가 아니다. 생태적 감수성을 키우고 경이로운 자연과의 소통(communication) 능력을 배양하는 행위이다. 정말 중요한 것은 교육기관의 지도자와 학부모들이 아이들의 생태 체험을 공감하는 것이다. 교사와 학부모들이 아이들의 감성과 정서와 교감을 형성하는 것이다.

더 이상 갯벌이 무절제한 채취장이나 운동장이 되어서는 안 된다. 호미와 비닐봉지를 들고 들어가는 곳이어서는 안 된다. 갯벌은 생명 체험 공간이며 감수성, 사회성, 인성을 증진하는 교육장이다. 갯벌 체험활동은 상업적 이벤트가 아닌 생태 교육을 받은 교사와 함께 진행해야 한다.

3. 갯벌 생물과 함께하는 지도 방법

갯벌의 청소부 민챙이와 친구 하기

갯벌 입구에서 쉽게 만나는 생물 중에 민챙이가 있다. 민챙이는 주로 혼합 갯벌에 서식하는데, 민챙이의 등껍질은 반투명한 연한 갈색을 띠며, 얇아서 쉽게 부서진다. 그나마 껍질로 덮인 부분은 얼마 되지 않는다. 실제 몸의 일부만 껍질 안에 들어가고 나머지는 밖에 나와 있어 마치 근육 덩어리가 기어가는 것처럼 보인다. 몸 위에 갯벌 흙을 덮고 있고, 워낙 느리게 움직여서 얼핏 보면 갯벌 덩어리처럼 보이기 때문에 자세히 봐야 모습이 확연히 보인다. 민챙이는 갯벌 속에 집을 짓지 않는다. 아마도 새들이 잘 먹지 않아서 적으로부터 자신을 보호할 필요성을 느끼지 못해 그럴 것이다. 우리나라에서는 민챙이를 먹지 않지만 중국에서는 요리 재료로 쓰기도 한다고 한다. 언젠가 갯벌에서 민챙이를 잡아 통에 담아 가는 동남아 사람들을 본 적이 있다. 그 나라에서는 식용으로 먹나 보다. 과연 맛이 있을까 궁금하다.

민챙이를 보며 아이들에게 "애들아 이리 와 봐. 아주 재미있는 친구가 있네. 음, 이 친구 이름은 민챙이야."라고 단정적으로 해설한다면, 아이들이 직접 관찰하고 나서 스스로 민챙이와 교감하는 시간을 빼앗는 것이다. 아이들은 어른 같지 않아서 생물에 대한 지식과 정보를 알고 싶어 하지 않는다. 어떤 것이 재미있는지, 어떻게 움직이는지에 관심이 있다. 교사가 아이들의 관심을 민챙이에게 집중하기 위해서는 어떻게 해야 할지 고민하고 연구해야 한다. 민챙이의 움직임이 매우 느려서 어쩌면 아이들의 관심에서 쉽게 벗어날 염려도 있다.

그래서 아이들이 관심을 끌 만한 여러 가지 제스처와 다소 과장된 말투를 활용해서 민챙이를 보여 주며, 집 안에서 쓰는 진공청소기를 떠올리게 하는 지도 방법이 있다. 예를 들면, "우리 친구들, 집에서 청소할 때 무엇을 사용하지요?"라고 질문을 하면 아이들은 금방 진공청소기를 떠올린다. 그러면 민챙이가 기어 다니는 모습에서 우리가 집에서 사용하는 진공청소기를 연상할 수 있도록 유도한다. 갯벌 표면을 마치 청소기처럼 기어 다니면서 더러운 것을 청소하는 민챙이의 모습과 청소기를 대비하여 민챙이의 특징을 이해하도록 하는 것이다. 민챙이가 기어 다니면서 갯벌 표면의 유기물을 먹고 뒤로 나오는 배설물이 바로 깨끗한 갯

[그림4] 민챙이가 갯벌을 뒤집어쓰고 기어 다니는 모습. 언뜻 보면 갯벌로 보여서 지나치기 쉽다. 민챙이의 천적은 망둥어다. 민챙이가 많은 곳에는 망둥어도 많다.

벌이라는 것을, 교사가 민챙이의 배설물을 직접 만져 봄으로써 아이들에게 확인시켜 준다. 아이들이 직접 만져도 보고 갯벌에서의 민챙이의 역할에 대해 느끼도록 정리하면 훌륭한 생태 교육 지도가 되는 것이다.

이렇게 갯벌 생물 한 가지라도 정확하게 체험하고 느낄 수 있게 지도한다면 갯벌 생물상을 관찰하는 것이 수월할 것이다. 나머지 갯벌 생물들이 민챙이처럼 모두 갯벌을 깨끗하게 해 주는 고마운 친구들임을 아이들 스스로 알게 되는 것이다.

민챙이는 6월에 짝짓기를 시작하는데 이 시기가 지나면 짝짓기 하는 모습을 볼 수 없다. 민챙이는 암수한몸이기 때문에 암컷과 수

[그림5] 민챙이의 짝짓기 모습. 민챙이는 암수한몸인데 서로 생식기를 통해 정액을 뿌려 줘야 산란이 이루어진다. 사진 속에 하얀 실처럼 생긴 것이 민챙이의 생식기이다. 세 마리가 엉켜서 짝짓기를 하는 경우도 있다. 갯벌엔 참 재밌는 생물들이 많다.

컷이 구분되지 않는다. 그래도 짝짓기는 한다. 짝짓기의 형태도 좀 특이하다. 생식기를 서로의 몸 안에 꽂고는 서로 몸을 휘감고 태극 모양을 만들면서 빙빙 돈다. 그렇게 한참을 보낸 후 수정을 마친다. 이렇게 짝짓기를 한 후에 만드는 알집이 마치 말랑말랑한 젤리를 동그랗게 뭉쳐 놓은 모양이라서 '물알'이라고 별명을 붙여 본다. 알집을 다 만들면 끝을 갯벌 속에 묻는다. 실로 묶은 풍선처럼 알집이 갯벌 위에 드러난다. 밀물이 들어오면 동그란 알집은 마치 풍선처럼 너울거린다. 민챙이는 알집을 낳고 이 알집이 물살에 떠내려 가지 않도록 갯벌에 접착성이 강한 분비물을 뱉어 단단히 붙여 놓는다. 알집을 보호하기 위한 민챙이의 모성애인 것이다.

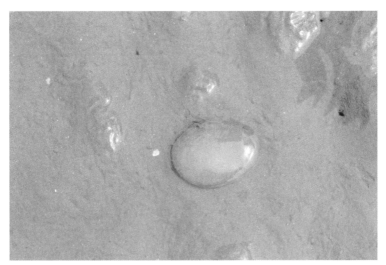

[그림6] 민챙이 알집. 무엇처럼 보이나요?

갯벌의 건축가 갯지렁이의 집, 경이로움!

기어 다니는 생물을 징그러워하는 어른들의 선입견 때문에 아이들에게 지렁이나 갯지렁이같이 기어 다니는 생물을 정겹게 느끼도록 하는 것이 쉽지 않다. 아이들이 부모나 교사들의 태도를 보며 선입견을 갖기 때문이다. 부모나 교사가 특정 생물을 보며 징그러워하거나 싫어하는 모습을 보이면 아이들은 그 생물에 대해 나쁘다고 생각하기 때문에 각별한 주의가 필요하다.

인상을 찌푸리거나 피하는 모습을 보여 주지 않도록 주의해야 한다. 생물들과 친구처럼 가깝게 지낼 수 있도록 유도하려면 교사나 부모가 생물을 존중하는 모습을 보여 줘야 한다. 아이들의 생태 교육 과정에서 좋은 성과를 이어 가지 못하는 이유가 바로 생물을 대하는 교사와 부모의 자세 때문이라는 사실을 잊지 말아야 한다.

갯지렁이를 직접 본 아이들은 많지 않을 것이다. 갯벌 속에 숨어 있어서 밖으로 모습을 잘 보이지 않기 때문에 직접 보기는 어려워도 갯지렁이의 모습은 연상할 수 있다. 지렁이를 연상하면 갯지렁이를 떠올리게 된다. 갯벌에서의 갯지렁이 역할도 육상에서의 지렁이 역할과 다르지 않다. 음식물 쓰레기를 해결해 주는 해결사이면서 토양을 좋게 만들어 주는 지렁이의 고마움을 아이들이 알도록 지도하는 것이 매우 중요하다. 지렁이의 이러한 역할에 대해 알게 된 아이들은 갯지렁이에 대해서도 쉽게 이해한다. 갯벌에 들어서면 갯지렁이 집이 많이 보인다. 보통 사람들은 갯지렁이 집을 주의 깊게 보지 않는다. 집처럼 보이지도 않거니와 갯지렁이에게 관심이 없기 때문이다.

그런데 가느다랗고 연약해 보이는 갯지렁이가 집을 짓는다. 그것도 아주 그럴싸하게 몸을 숨기고 잘 짓는다. 갯지렁이 집을 처음 본 교사와 학부모들은 매우 경이로워한다. 갯지렁이가 어떻게 이런 집을 지을 수 있는지 신기해한다. 갯지렁이가 이렇게 집을 지을 수 있는 것은 갯지렁이의 분비물이 물속에서도 접착 기능을 할 수 있기 때문이다. 갯지렁이 분비물에 착안해서 사람들은 물속에서도 접착이 되는 수중 본드를 개발했다.

아이들에게 갯지렁이 집을 이해하게 하려면 먼저 아이들의 경험에 비추어 자기 집을 떠올리게 하는 방법으로 접근하는 것도

[그림7] 갯벌의 건축가 갯지렁이 집. 조개껍데기, 바다풀, 나뭇가지들을 붙여서 집을 꾸민다. 집 위로 갯지렁이가 들락거리는 구멍이 보인다.

[그림8] 다른 모양의 갯지렁이 집. 마치 잠망경처럼 생겼다. 갯지렁이 종류에 따라 집의 모양이 다르다.

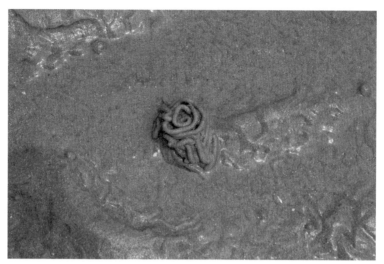

[그림9] 갯지렁이의 똥. 유기물을 분해한 순수 갯벌이다. '뻘똥'이라고 하면 아이들이 재밌어 한다.

[그림10] 갯지렁이 똥. 색깔이 다른 이유는 햇빛 때문이다. 방금 싼 똥의 색깔은 갯벌 속에서 햇빛을 받지 못해 거무스름하다.

좋다. 집의 기능이 우리가 편안하게 해 주고 안전하게 보호해 주는 곳이라는 것을 인식하게 한다. 갯지렁이도 우리처럼 안전하게 살아가기 위해 집을 짓는다는 것을 깨닫게 하는 것이다.

이렇게 되면 우리처럼 집을 짓고 사는 갯지렁이가 좀 더 가깝게 다가온다. 또한 갯지렁이는 민챙이처럼 갯벌의 오염 물질을 깨끗하게 해 주는 일도 한다는 사실을 알게 한다. 연구 결과에 의하면 갯지렁이 500마리 정도가 한 사람의 하루 배설물(똥)을 하루 만에 깨끗하게 분해한다고 한다. 갯지렁이는 오염된 유기물이 포함된 갯벌을 먹고 똥을 싸는데 이 똥이 바로 순수 갯벌이다. 갯벌에 가면 갯지렁이가 싼 똥을 발견할 수 있다. 똥을 살펴보게 하고 똥을 만져 보며 이 똥이 갯벌이라는 것을 알아차리게 한다. 손으로 만져 보며 갯벌이라는 것을 알게 된다. 그것도 오염 물질이 정화된 깨끗한 갯벌이다. 필자는 이것을 정화된 갯벌이라고 해서 별칭으로 '정뻘', 혹은 '뻘똥'이라고 부른다. 이렇게 갯벌 생물들의 역할과 가치를 재미있게 느끼며 깨닫도록 도와주는 것이 생태 교사의 역할이다.

밤게가 다른 게들과 다른 이유

아이들은 움직이는 생물에 관심이 많다. 갯벌에서 빠르게 움직이는 생물은 게 종류이다. 사람이 다가가면 미리 파 놓은 구멍 속으로 쏙 들어가 관찰하기가 수월치 않다. 아이들의 관심을 끌고

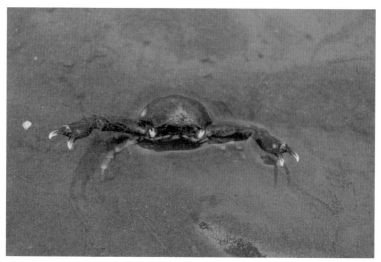

[그림11] 밤게의 위용, 사람 앞에서 수컷이 집게발을 벌려 위협하고 있다. 밤게의 당당하고 용기 있는 모습을 보며 자기 자신과 비교해 보는 시간도 가진다.

생태적 자극을 주기 위해서는 움직이는 생물이 필요한데 밤게는 더할 나위 없는 고정 출연자다. 생긴 모양이 밤을 닮아서 밤게라 불리는데, 미리 구멍을 파서 숨거나 도망치지 않는다.

왜 그럴까?

자연 생태계에서 다른 생물을 봐도 잘 도망치지 않는 생물은 자신을 보호하는 보호색이 있거나 아주 강해서 자신을 해칠 천적이 없는, 먹이사슬의 가장 윗부분을 차지하는 사자나 호랑이, 맹금류 등이다. 또 다른 경우가 있다. 바로 맛이 없어서 다른 생물의 먹이가 되지 않는 경우다. 밤게를 잡아 먹는 생물은 거의 없다. 갈매기도 밤게는 홀대한다. 딱딱하고 맛이 없어서일 것이다.

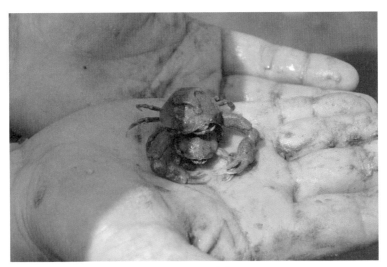

[그림12] 밤게의 짝짓기 모습. 위에 있는 놈이 수컷이다.

그래서 밤게는 숨지 않는다. 다른 게들은 사람이 접근하면 구멍 속으로 쏙 숨는데 밤게는 그냥 자기 볼일을 본다. 갯벌에서 거의 유일하게 짝짓기를 하는 장면을 볼 수 있도록 허용하는 종류도 밤게다. 물론 민챙이의 짝짓기도 볼 수 있지만 밤게가 더 빈도가 높다. 보통의 게들이 옆으로 기어 가는 데 비해 밤게는 앞으로도, 뒤로도, 옆으로도 간다. 전후좌우 이동이 자유롭다. 아이들은 밤게를 관찰하고 만져 보며 매우 재밌어 한다. 다만 껍질이 단단하더라도 너무 오래 손으로 만지거나 움켜 잡고 있으면 해가 된다는 것을 잊지 않도록 지도한다.

　밤게를 관찰해 보면 재미있는 모습을 볼 수 있다. 밤게는 사람이 다가가도 도망치지 않는다. 도리어 가까이 다가가면 거품을 뿜어 낸다. 이것은 위협용이다. 이 모습이 참 귀엽다. 자기보다 훨씬 덩치가 커다란 사람이 다가가는데 집게발을 쫙 펴고, 마치 노려보듯이 움직임을 멈추고는 거품을 뿜어 낸다. 도망가지도 않고 그 자리에서 말이다. 그 모습이 너무 귀엽다.

밤게는 수컷이 암컷 위에서 껴안은 모습으로 짝짓기를 한다. 늦봄부터 늦여름까지 짝짓기 하는 모습을 자주 볼 수 있어서 밤게 관찰하는 재미가 쏠쏠하다. 한 번은 아이들이 짓궂게 짝짓기 중인 한 쌍을 떼어 놓은 적이 있다. 수컷을 떼어 냈더니 바로 거품을 내뿜으며 암컷을 집게발로 감싸 안는 것을 본 적이 있다. 사람처럼 여성을 보호하는 남성의 모습이 밤게 수컷에게서 느껴졌다. 그 모습을 보던 아이들과 함께 다음부터는 서로 사랑하는 짝을 떼어 놓지 않기로 약속하고 밤게 커플에게 미안하다는 인사를 하고 돌아선 적이 있다.

갯벌의 하이에나 좁쌀무늬고둥의 역할 찾아보기

갯벌에서 자주 눈에 띄는 생물 중에 좁쌀무늬고둥이 있다. 등 껍질의 무늬가 마치 좁쌀처럼 생겼다고 해서 붙여진 이름이다. 유아들은 거의 좁쌀을 본 적이 없을 테니 좁쌀이란 이름을 굳이 강조하면서 해설하지 않아도 된다.

모든 생태 교육에서 생물의 이름을 알려 주는 방식은 교육 대상자의 수준에 따라 고려할 사항이다. 이름을 알려 주려는 해설

[그림13] 좁쌀무늬고둥의 식사 장면, 맛(흔히들 '맛조개라고 부른다)을 먹고 있는 모습이다.

방식을 보편적으로 적용해서는 안 된다. 연령별, 그룹별 경험 차
이에 따라 이름에 대한 이야기를 하고 안 하고를 결정하면 된다.

좁쌀무늬고둥에 대한 해설은 먼저 이들의 움직임을 관찰하는
것부터 시작한다. 이들의 움직임은 아이들의 눈높이에 맞다. 좁
쌀무늬고둥이 멈춰 있지 않고 계속 기어 다니는 모습을 관찰하게
한다. 그러고 나서 고둥 하나를 집어 혀를 내미는 장면을 보여준
다. 마치 창같이 생긴 혀를 쑥 내밀며 저항하듯이 내두르는 모습
을 보면 매우 당차 보인다. 이토록 작은 고둥이 힘차게 혀를 움직
이는 모습을 보며 아이들도 신기해한다.

좁쌀무늬고둥의 특징을 알기 위해서는 이들이 여럿 모여 있는
곳을 찾아 조심스럽게 들여다보면 알 수 있다. 모여서 무엇을 하

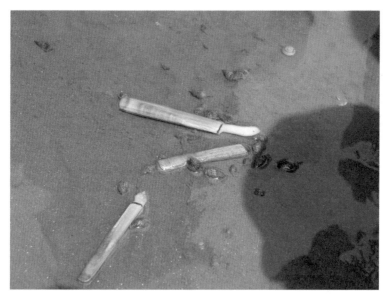

[그림14] 언젠가 갯벌에서 생태 교사 연수를 하던 중 맛을 소금으로 유인하여 뽑아서 보여준 적이 있다. 사진에 보이는 장면이 맛을 관찰하고 갯벌에 내려놓은 모습이다. 맛을 갯벌에 내려놓으면 껍질 밖으로 나온 살을 이용해서 스스로 갯벌에 구멍을 파고 들어간다. 사진 속 장면에 보이는 조개 살로 구멍을 파는 것이다. 그러나 구멍을 파다가 기운이 떨어진 맛은 좁쌀무늬고둥의 먹이가 된다. 맛 옆으로 좁쌀무늬고둥이 모여드는 모습이 보인다. 좁쌀무늬고둥은 더듬이로 죽어 가거나 죽은 생물의 냄새를 귀신같이 탐지한다. 당시 맛에게 미안해했던 기억이 난다.

는지 아이들 스스로 관찰하며 자신의 생각을 표현하게 한다. 아이들은 좁쌀무늬고둥이 모여서 움직이는 모습을 보면 무슨 일을 하는지 알아차린다. 좁쌀무늬고둥은 모여서 먹이를 먹는다. 그것도 갯벌에서 죽은 생물, 혹은 죽어 가는 생물만 먹어치운다. 고둥은 생물의 살을 녹여서 먹는다. 이들의 먹이 활동이 갯벌을 깨끗하게 해 준다는 사실을 깨닫게 지도한다. 갯벌에 죽은 생물들이 그대로 있으면 썩어서 갯벌이 오염된다는 것을 경험적 사례를 들

[그림15] 좁쌀무늬고둥의 당찬 혀 놀림. 좁쌀무늬고둥을 손으로 잡고 5초만 지나면 이렇게 혀를 돌리며 위협을 가한다. 아이들에게 보여 줄 때 "얘들아, 여기를 봐. 자, 지금부터 이 친구가 신기한 쇼를 보여 준대. 자아, 하나, 둘, 셋!" 하면, 더 긴장감도 있고 재미도 더해진다. 타이밍에 맞춰 갑자기 혀를 내밀고 돌리는 모습이 정말 신기하다.

어 깨닫게 하고, 이들이 갯벌을 깨끗하게 유지해주는 갯벌의 청소부라는 것을 인식하게 하는 것이 중요하다.

그러나 좁쌀무늬고둥의 먹이 활동만을 보여 주고 끝내면 완전한 생태 교육이 아니다. 우리가 살아가는 모습과 연상하도록 지도하는 것이 필요하다. 아이들에게 우리의 생활 주변에서 음식물쓰레기가 방치되어 있는 곳에서의 경험을 이야기하게 한다. 음식물쓰레기에서 악취가 나서 인상을 찌푸렸던 경험을 떠올리게 하고 좁쌀무늬고둥이 갯벌에서 하는 역할이 매우 중요하다는 것을 알아차리게 하는 것이 필요하다. 이렇게 작은 생물도 나름대로 자기의 역할을 다하며 살아가고 있다는 사실을 사람들이 사는 세상과 비교하며 해설하는 것이다. 갯벌을 깨끗하게 해 주는 생물들 중 하나인 좁쌀무늬고둥의 모습을 보며 아이들이 갯벌 생물들에게 고마움을 느끼도록 하는 것이다.

길게의 싸움이 우리에게 주는 시사점

길게는 오래전에는 조림으로 많이 먹었던 생물이다. 지금도 남도 지역에서는 길게, 칠게, 방게를 조려서 반찬으로 먹는다고 한다. 안면도의 재래시장에서는 이들을 잡아서 기름에 튀겨 파는 것을 본 적이 있다.

길게 암컷은 집게발이 작고 수컷은 크고 갑옷처럼 생긴 집게발이 특징인데, 몸집에 비해 단단하고 공격적으로 보인다. 보기에는 다소 사납게 보이지만 실상 길게가 싸우는 모습을 보면 정말 착하다. 길게 수컷끼리 영역 다툼을 하며 싸우는 모습을 관찰하다 보면 왜 착한 싸움인지 알 수 있다. 길게 수컷끼리 싸움의 승패는 집게발의 길이에 의해 결정이 난다. 집게발이 긴 놈이 이긴다. 집게발을 쫙 펴고 서로 길이를 재며 싸우는데, 이리저리 재고 다투다가 발이 짧은 놈이 슬그머니 도망을 친다.

길게의 싸움을 보며 아이들과 사람들이 싸우는 모습에 대해 이야기를 해 본다. 싸울 때는 어떻게 싸우는지, 왜 싸우는지 이야기

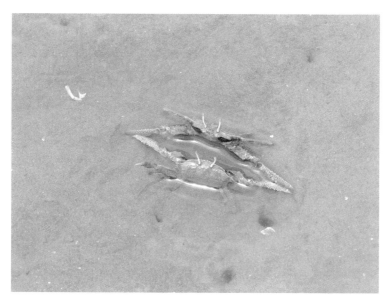

[그림16] 길게 수컷의 모습, 집게발이 갑옷을 연상시킨다.

해 보게 한다. 싸움에서 이긴 모습과 진 모습을 이야기하게 하고
는 길게의 싸움과 비교해 본다. 유아들은 아직 컴퓨터 게임을 많
이 하지 않는 단계라서 게임에서 나오는 폭력적인 싸움을 연상하
지 않지만 초등학생 대부분은 칼과 총 등을 이용한 가상 게임을
즐긴다. 당연히 싸움의 승자는 피를 보는 결과를 떠올린다. 죽거
나 일어나지 못할 정도로 쓰러지는 경우를 연상한다. 길게의 싸
움은 우리들에게 평화로운 결투라는 잔잔한 감동을 선사한다. 치
열한 경쟁 관계에서도 이렇게 서로에게 큰 상처를 주지 않고 승
부를 가릴 수 있다면 어떨까? 우리의 모습을 돌아보며 생각하게

한다. 아이들과 함께 길게처럼 싸우는 모습을 흉내 내 본다. 서로 때리지도 않고, 코피도 안 나고, 울리지도 않으며 다투는 것도 좋겠다는 느낌을 아이들과 공유한다. 길게가 우리에게 주는 잔잔한 교훈이다.

큰구슬우렁이의 모성애

흔히 골뱅이라고 불리는 큰구슬우렁이는 우리나라 서해와 남해는 물론, 동해의 진흙과 모래가 섞인 갯바닥에 산다. 크기는 높이 약 3㎝, 너비 7㎝ 정도이며, 둥글고 매끄러운 껍데기에는 나선형의 무늬가 있다. 갯벌의 대표적인 포식자로, 물이 빠진 갯벌 바닥에 몸을 얕게 묻은 채 이동하다 조개나 굴 등 먹잇감을 만나면 습격하여 껍질도 녹여서 뚫고 알맹이도 녹여서 먹는다. 큰구슬우렁이는 모래나 뻘에서 불룩 솟아 있는 흔적이 이어진 곳을 파면 발견할 수 있다.

만 5세 정도 되면 많은 아이들이 골뱅이를 안다. 아마도 부모님이 안주로 자주 애용하는 것이라 알고 있는 듯하다. 갯벌에서 골뱅이를 발견하기란 쉽지 않지만 이들이 만든 알집은 볼 수 있다. 골뱅이는 사투리고 실제 이름은 큰구슬우렁이다. 큰구슬우렁이는 알을 낳기 위해, 갯벌을 이용해 마치 도자기를 빚듯 알집을 만든다. 아이들은 패트병 꼭지를 잘라 낸 모양 같다고도 하고, 뚜껑 없는 모자 같다고 말하기도 한다. 이들의 알집은 겉면이 맨질

[그림17] 골뱅이로 불리는 큰 구슬우렁이의 모습

맨질하고 감촉이 좋다. 큰구슬우렁이는 이렇게 알집을 만들어 그 표면에 알을 붙여 놓고는 알집이 물살에 떠밀려 가지 않도록 알집 밑면을 톱니처럼 만들어 움직이지 않게 만든다. 골뱅이가 자기 알을 위한 번식 전략을 보면 모성애의 감동이 전해진다. 안주로만 알던 골뱅이의 모성애가 마음속으로 정겹게 다가온다. 아이들에게 골뱅이도 우리들 엄마처럼 자식을 걱정하고 사랑하는 마음이 있다는 것을 느끼게 해 준다.

항상 반복해서 하는 이야기지만 아이들 각자가 그냥 느끼게 하는 것으로 마무리하는 것이 좋다. 무언가 교사가 요구하는 답을 말하도록 강요하는 것은 바람직하지 않다. 생태 교육은 아이들

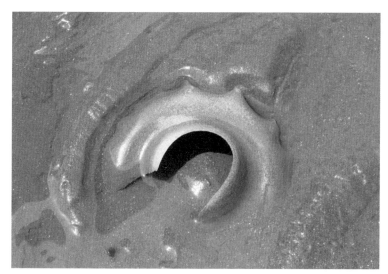

[그림18] 큰구슬우렁이 알집, 페트병을 잘라 놓은 모양 같기도 하다. 이것을 보고 알집이라고 생각하는 사람은 아무도 없다. 어른들이 더 신기해한다.

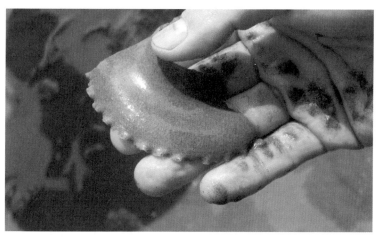

[그림19] 골뱅이의 알집은 맨질맨질하다. 마치 정성껏 도자기를 빚은 듯하다. 밑둥에는 알집이 물살에 떠밀려 가지 않고 갯벌 바닥에 고정하기 위한 톱니가 있다. 골뱅이의 모성애가 느껴진다.

에게 감성적 자극을 주는 것만으로 충분하기 때문이다. 나서길 좋아하는 아이들은 나름대로 말하고자 하는 욕구를 발산케 하고, 그렇지 않은 아이들도 나름대로 배려하여 표현을 하도록 도와주되, 굳이 말이 아닌 눈빛으로라도 표현한 것으로 인정하면서 아이가 자신감과 자존감을 갖도록 지도하는 것이 중요하다. 내성적인 성격의 아이들도 자신감을 갖도록 생태 교육 현장에서 분위기를 조성하는 것이 필요하다. 경험을 통해 본 바로는 생태 교육은 아이들의 성격도 개선해 준다.

누가 이렇게 정교하게 구멍을 뚫었을까?

갯벌 표면에 나와 있는 조개껍데기나 고둥껍데기를 들어서 살피다 보면 간혹 아주 정교하게 뚫린 구멍을 발견할 수 있다. 마치 드릴로 뚫은 것 같은 구멍이다. 무엇이 이렇게 구멍을 뚫었을까?

"누가 그랬을까?" 하고 물으면 아이들의 대답은 천차만별이다. 갯벌에서 보았던 모든 생물의 이름을 다 말한다. 갯지렁이부터 조개, 밤게, 길게, 심지어 갈매기 이름까지 나온다. 어른들도 마찬가지다. 구멍을 살펴보면 신기하게 보이는데 막상 누가 이렇게 만들었을까 생각해 보면 연상이 잘 안 된다. 여하튼 갯벌에서 관찰한 생물 중 하나이기 때문에 답은 나오게 되어 있다. 이 구멍은 고둥 종류가 잡아 먹은 흔적이다. 골뱅이는 먼저 살을 부풀려 조개나 고둥을 도망가지 못하게 먹잇감을 뒤덮은 뒤, 톱니처럼 돌

[그림20] 드릴로 뚫은 듯이 매끈하게 뚫어진 조개 구멍, 고둥 종류가 살을 먹은 흔적이다.

기가 달린 치설로 껍데기에 동그란 구멍을 뚫고 산성의 소화액을 넣어서 살을 녹여 빨아 먹는다. 고둥은 같은 종끼리도 서로 잡아 먹는다. 그래서 생긴 구멍이다. 놀랍고 신기한 장면이다. 이들의 먹이사슬도 참으로 재미있다.

느림의 미학을 보여 주는 갯벌의 화가 서해비단고둥

서해비단고둥은 동해나 남해에서 발견되는 비단고둥에 비해 다소 작은 고둥인데 무늬가 예뻐서 아이들의 관심을 끌기에 충분하다. 다만 움직임이 느려서 동적인 것을 좋아하는 유아들의 특

[그림21] 서해비단고둥의 아름다운 빛깔

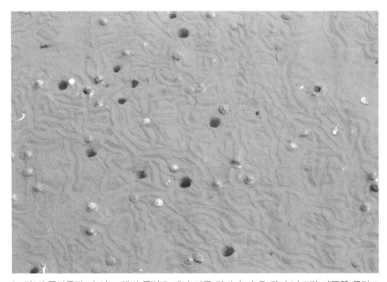

[그림22] 중간중간 나 있는 갯벌 구멍은 게가 만든 것이다. 손을 집어 넣으면 다른쪽 구멍으로 물이 나오는 것을 볼 수 있다. 구멍이 U자형으로 연결되어 있기 때문인데, 침입자가 들어올 것을 대비한 게들의 전략이다.

징상 관심이 오래가지 않는다는 것이 흠이라면 흠이다. 서해비단고둥을 관찰하고 해설하기 위해서는 먼저 이들이 집단으로 서식하고 있는 곳을 발견하고, 갯벌 표면에 만든 그림을 찾아보게 한다.

서해비단고둥은 주로 집단으로 서식하기 때문에 쉽게 발견할 수 있다. 이들의 움직임이 만든 그림은 추상화를 보듯이 그럴싸하다. 생태 교사는 "누가 이런 멋진 그림을 그렸을까, 찾아볼까요?" 하면서 궁금증을 자아내게 하고, 아이들의 시선이 서해비단고둥을 향하도록 유도한다. 대부분의 아이들은 쉽게 찾는다.

서해비단고둥의 모습을 관찰한 아이들은 색과 무늬가 예쁘다고 이야기한다. 다른 갯벌 생물들의 모습과 색깔이 단조로운 것에 비하면 여러 가지 색으로 화려하게 치장한 서해비단고둥이 돋보일 수밖에 없다. 작고 느리지만 갯벌에 멋진 그림을 선사하는 화가와 같은 이미지를 유아들은 기억하게 될 것이다. 갯벌 생태 해설은 이렇듯 갯벌 친구들의 특징을 하나하나 살려서 별칭도 만들어 주면서 아이들과 친근함을 더해 가는 것이 중요하다.

바다에도 선인장이 있네

낮에는 보통 짧게 수축하여 위쪽만 모래 위에 내밀고 있으나 밤이 되면 50cm 이상 여러 개의 폴립을 위로 뻗어 내고 있는 생물이 있다. 수심 20m의 파도가 없는 잔잔한 내만에 숲처럼 줄지

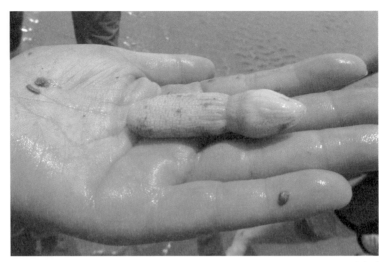

[그림23] 바다선인장. 사진 촬영을 위해 손 위에 올려놓았는데, 갯벌을 살짝 담아 그 위에 바다선인장을 올려놓고 관찰하는 것이 바람직하다.

어 서식하는데, 모래진흙질의 해저에 살고 밤에는 빛을 발산한다. 파도에 흔들리면서 빛이 반짝이는 광경은 장관이다.

이 대목에서 알아차렸겠지만 바다선인장은 식물이 아닌 동물이다. 물이 들어오고 나면 갯벌 위로 드러난 몸의 표면에서 하얀 촉수가 뻗어 나와 먹이 활동을 시작한다. 하얗고 촘촘하게 나온 촉수가 마치 선인장 가시 같아서 '바다선인장'이라고 불린다. 노란색이라서 아이들의 눈에도 금방 띈다. 아이들은 눈높이가 교사들보다 낮아서 갯벌 생물들을 훨씬 잘 찾는다. 이게 뭐냐고 아이들이 들고 오면, 관찰하기 전에 "아야, 아프겠구나. 손으로 만지면…" 하면서 갯벌을 손바닥에 살짝 담고 그 위에 올려놓고 관찰

[그림24] 갯벌에 박혀 있는 바다선인장 모습. 물이 들어오면 하얀 촉수를 내보내 먹이 활동을 한다.

하는 모습을 보이는 것이 좋다. 교사가 먼저 시범을 보이는 것이 필요하다. 해양 생물들은 사람의 체온보다 낮은 서식 환경에서 살기 때문에 사람의 체온 정도의 열도 해가 된다. 다만 아이들이 심한 자책감이 들지 않게 바로 시범을 보여 주면 좋다. 갯벌 생물들을 손으로 직접 만지는 것이 상해를 입힌다는 것을 아이들에게 사전에 설명해 주었다 하더라도 아이들은 깊이 생각하고 행동하지 않는다. 그때그때 주의 사항이 떠오르게 시범을 보여 주는 일관된 행동이 필요하다.

밤이 되어서야 빛을 보여 주기 때문에 실제로는 바다선인장이 빛을 발산하는 멋진 장면을 아이들이 체험하기는 쉽지 않다. 따라서 이야기를 만들어 바다선인장이 살아가는 모습을 아이들이 상상하며 그려 보는 것으로 정리하면 될 것이다. 교사의 스토리텔링 기량이 필요한 대목이다.

개불로 오해받는 가시닻해삼

오래전 방영되었던 〈아빠 어디가?〉란 TV 프로그램에서 갯벌에 가서 조개와 맛, 게 등을 가족 단위로 경쟁하듯 채취하는 내용이 나온 적이 있다. 한 가족이 잡아서 가지고 나온 생물 중에 개불이라고 소개한 것이 있었는데, 실은 개불이 아니고 생긴 모양은 비슷하지만 색이나 겉면이 확연히 다른 '가시닻해삼'이다. 아마도 횟집에서 본 이미지를 연상하여 개불이라 생각하고는 잡아 온 것 같다. 가시닻해삼은 개불보다 얇고 표면이 까칠까칠하다. 그래서 가시닻이란 이름이 붙었다. 먹지는 않는다. 색도 연보랏빛을 띠고 있어 개불과는 구분된다. 이 생물을 발견해도 아이들은 별 호기심을 나타내지 않는다. 움직임도 거의 없거니와 모양도 선뜻 만져 보기가 꺼려지기 때문이다. 이런 생물들의 공통된 특징은 갯벌에 살면서 더러운 오염 물질을 깨끗하게 해 주는 것이다. 아이들에게 갯벌 생물들의 이름과 특징을 반드시 기억하게 할 필요는 없다. 갯벌에 사는 생물들이 하는 일과 우리 사람처럼 부지런하게 살아가는 모습, 우리들처럼 생명을 가진 소중한 친구들이란 생각을 갖게 한다면 훌륭하게 생태 교육의 목적을 달성한

[그림25] 가시닻해삼. 겉을 만져 보면 까칠까칠하다.

것이다. 물론 그것도 일일이 확인하는 과정은 불필요하다. 아이
들의 느낌을 믿어야 한다.

갯벌 모래사장에서의 생태 미술형 프로그램

 갯벌 모래사장에서는 주변에 있는 조개껍데기 등을 이용해 예
쁜 조개 목걸이를 만들어 보기도 하고 조개껍데기 액자도 만들어
볼 수 있다.

[그림26] 조개껍데기로 만든 목걸이, 네임펜 등 유성펜을 이용해 예쁘게 색칠도 하고 나만의
　　　　 목걸이를 만들어 본다.

[그림27] 백사장 모래를 이용해 만든 밤게.

에코 산책
생태 교육

삶과 교육을 바꾸는
맘에드림 출판사 교육 도서

나는 혁신학교에 간다

경태영 지음 / 값 14,000원

공교육을 바꾸겠다는 거대한 희망을 품고 시작된 '혁신학교'. 이 책은 일곱 개 혁신학교의 이야기를 담고 있다. 지금 우리 교육이 변화하는 생생한 현장의 모습과 아이들이 꿈을 키우고 행복하게 공부하는 희망의 터로 새롭게 자리매김하는 학교들을 이 책에서 만날 수 있다.

혁신학교란 무엇인가

김성천 지음 / 값 15,000원

교육공동체가 만들어내는 우리 시대 혁신학교 들여다보기. 혁신학교 전반에 관한 이야기를 다루고 있는 책으로, 공교육 안에서 혁신학교가 생기게 된 역사에서부터 혁신학교의 핵심 가치, 이론적 토대, 원리와 원칙, 성공적인 혁신학교의 모습을 보이고 있는 단위학교의 모습까지 담아냈다.

학부모가 알아야 할 혁신학교의 모든 것

김성천, 오재길 지음 / 값 15,000원

학부모들을 위한 혁신학교 지침서!
'혁신학교에서는 무엇을, 어떻게 가르치고 있는지, 교사·학생·학부모는 어떻게 만나서 대화하고 관계를 맺어가는지, 어떤 교육 목표를 지향하고 있는지 등 이 책은 대한민국 학부모들의 궁금증에 친절하게 답을 한다.

덕양중학교 혁신학교 도전기

김삼진 외 지음 / 값 14,500원

이 책의 1부는 지난 4년 동안 덕양중학교가 시도한 혁신과 도전, 성장을 사실과 경험에 기반한 스토리텔링 방식의 성장기로 전개하고 있다. 그리고 2부는 지역사회와 협력하여 펼치고 있는 교육 프로그램, 배움의 공동체 수업 등을 현장 사례 중심의 교육적 에세이 형태로 담고 있다.

학교 바꾸기 그 후 12년

권새봄 외 지음 / 값 14,500원

MBC PD 수첩에 방영되어 화제가 되었던 남한산초등학교. 아이들이 모두 행복하고, 얼굴 표정이 밝은 아이들. 학교 가는 것을 무엇보다 좋아하고, 방학을 싫어하는 아이들. 수업과 발표를 즐겼던 이 학교를 졸업한 아이들이 그 후 12년의 삶을 세상에 이야기한다.

교사는 수업으로 성장한다

박현숙 지음 / 값 12,000원

그동안 교사는 수업에서 아이들을 만나지 못해왔다. 관계와 만남이 없는 성장의 결손을 낳았다. 그리하여 우리 아이들과 교사들은 모두 참 아프고 외로웠다. 이 책에서는 교사, 학생, 학부모, 지역사회가 공동체로서 서로 관계를 맺을 때에만 배움은 즐거운 활동으로서 모두가 성장하는 삶의 일부가 될 수 있음을 보여준다.

교사와 학부모가 함께 읽는 주제 통합 수업

김정안 외 지음 / 값 15,000원

'서울형 혁신학교'로 지정된 7개 혁신학교들이 지난 1~2년 동안 운영한 주제 중심 통합 교육과정과 수업 사례를 소개한 책이다. 이 학교들의 교육과정은 전국적으로 이루어지는 혁신학교들의 성과를 반영하였고, 자신의 지역사회의 실제 환경과 경험을 살려 실제 수업에 적용한 것이다.

혁신교육 미래를 말한다

서용선 외 지음 / 값 14,000원

혁신교육은 2009년 이후 공교육 되살리기의 새로운 희망이 되어왔다. 이러한 정책을 입안하고 추진하는 데 기여해왔던 6명의 교사 출신 연구자들이 혁신교육 발전에 필요한 정책 과제들을 모아 하나의 책으로 제시한다. 이 책은 교육철학, 교육과정, 교육행정과 학교 운영(거버넌스) 등에서 주요 이슈들을 정리하고 혁신교육의 성과와 과제가 무엇인가를 보여준다.

수업을 살리는 교육과정

서우철 외 지음 / 값 16,500원

최근 교육과정을 재구성하는 논의가 활발한 가운데, 이 책에서는 개별 교과목과 교과서의 형식에 얽매이지 않고 아이들의 발달을 고려하여 주제를 중심으로 교육과정을 재구성하여 통합적으로 운영하는 방법과 구체적인 실천 사례를 설명하고 있다. 이러한 과정은 같은 학년을 맡고 있는 교사들의 토론과 협력을 통해서 이루어진 것임을 이야기한다.

수업 딜레마

이규철 지음 / 값 14,000원

이 책을 관통하는 키워드는 '사람'이다. 저자의 노하우를 전수하는 것이 아니라, 수업 속에서 딜레마에 맞닥뜨려 고통 받고 있는 선생님들의 고민을 담고, 신념을 담고, 그것을 이겨내기 위한 한 분 한 분의 마음을 담고 있다. 이런 고민 속에 이 책을 집어 든 나를 귀하게 여기며 다시 한 번 교사로 잘 살아보고 싶은 도전을 하게 한다.

좋은 엄마가 스마트폰을 이긴다

깨끗한미디어를위한교사운동 지음 / 값 13,500원

스마트폰에 대한 아이들의 집착은 대단하다. 스마트폰은 '재미있고 편리하다.' 그러나 스마트폰 때문에 아이들은 시간을 빼앗기고, 건강이 나빠지고, 대화가 사라지며, 공부와 휴식, 수면마저 방해를 받는다. 이 책은 이러한 사례들을 생생하게 소개하고 부모들에게 아이들의 스마트폰 사용에 어떻게 대응해야 하는지 대안을 제시한다.

엄선생의 학급운영 레시피

엄은남 지음 / 값 14,000원

34년 경력의 현직 교사가 쓴 학급운영의 생동감 넘치는 지침서. 초등학교에서 아이들은 문자와 숫자를 익히는 것보다 학교와 교실에서 낯설고 모험적인 사건을 겪으면서 더 많은 것을 배운다. 이 책은 초등학교에서 교과서 지식보다 더 중요한 역할을 하는 학교생활과 학급문화를 만드는 데 담임교사의 역할을 다룬다. 교사와 아이들이 서로 존중하고 신뢰하는 관계를 어떻게 만들어야 하는지 구체적인 경험과 사례로 설명해준다.

진짜 공부

김지수 외 지음 / 값 15,000원

혁신학교가 추구하는 '진짜 공부'와 '진짜 스펙'이 무엇인지 보여주는, 졸업생들의 생동감 넘치는 경험담. 12명의 졸업생들은 학교에서 탐방, 글쓰기, 독서, 발표, 토론, 연구, 동아리, 학생회 활동을 통해 자신들이 생각하지도 못한 진짜 공부를 경험했음을 보여준다. 이 책을 통해 수능시험이 아니라 정말로 청소년 스스로 하고 싶을 즐기면서 성장하는 것이 우리 사회에 필요한 것임을 새삼 느낄 수 있다.

수업 디자인

남경운, 서동석, 이경은 지음 / 값 15,000원

서울형 혁신학교의 대표적인 수업 혁신을 담은 이야기. 아이들이 서로 협력하면서 배우는 수업을 목표로 삼은 저자들은 범교과 수업모임을 통한 공동 수업설계를 대안으로 제시한다. 아이들은 교사의 설명을 통해 배우는 것이 아니라 서로 '옥신각신'하며 함께 문제에 도전할 때 수업에 몰입하고 배우게 된다. 이 책은 이러한 수업을 위해서 교사들이 교과를 넘어 어떻게 협력하고 수업을 연구해야 하는지 잘 보여준다.

아이들이 가진 생각의 힘

데보라 마이어 지음 / 정훈 옮김 / 값 15,000원

미국 공교육 개혁의 전설적 인물 데보라 마이어가 전하는 교육 개혁에 대한 경이롭고도 신선한 제언. 이 책은 학교 혁신의 생생한 기록을 통해 우리가 학교에서 무엇을 왜 가르치고 배워야 하는지에 대한 근원적인 성찰을 담고 있다. 아이들이 지성적으로 생각하는 마음의 습관을 배우는 것이 얼마나 중요하고 그것을 위해 학교가 무엇을 해야 하는지를 일깨워준다.

어! 교육과정 아하! 교육과정 재구성

박현숙 · 이경숙 지음 / 값 16,500원

교육과정 재구성을 고민하는 교사를 위한 현장 지침서. 이 책은 저자들이 학교 현장에서 교육과정 재구성이라는 화두를 고민하고, 실행한 사례들이 담겨져 있다. 책의 내용은 주제 통합 수업, 교과 통합 수업, 범교과 주제 학습, 교과 체험 학습, 프로젝트 수업 등 학교 현장에서 적용해 큰 성과를 본 것들을 세밀하게 소개하면서 교육과정 재구성작업의 노하우를 펼쳐보인다.

행복한 나는 혁신학교 학부모입니다

서울형혁신학교학부모네트워크 지음 / 값 16,000원

이 책은 학부모가 자신의 눈높이에서 일러주는 아이들의 혁신학교 적응기일 뿐 아니라, 학부모 역시 학교를 통해 자신의 삶을 고양시켜가는 부모 성장기라는 점에서 대한민국의 모든 학부모에게 건네는 희망 보고서이기도 하다. 혁신학교가 궁금한 학부모들이 이 책을 통해 혁신학교 학부모로서의 체험을 미리 하는 데 부족함이 없을 것이다.

일반고 리모델링 혁신고가 정답이다

김인호, 오안근 지음 / 값 15,000원

교육 환경이 열악한 지역에 있던, 서울의 한 일반계 고등학교가 혁신학교로서 4년간 도전과 변화를 겪으면서 쌓은 진로, 진학의 비결을 우리 사회 모든 학생, 학부모, 교사, 시민 등에게 낱낱이 소개해주는 책. 이 책은 무엇보다 '혁신학교는 대학 입시에 도움이 안 된다.'는 세간의 편견을 말끔히 떨어 없앤다. 이 책에서 저자들은 '결과' 중심 교육과정을 '과정' 중심으로 바꾸고, 교내 대회와 동아리 활동, 봉사 활동을 장려함으로써 대학 진학이란 놀라운 결과가 어떻게 이루어질 수 있었는지 보여주고 있다.

우리가 신뢰하는 학교, 어떻게 만들 것인가?

데보라 마이어 지음 / 서용선 옮김 / 값 15,000원

이 책의 저자인 데보라 마이어는 보수와 진보를 막론하고 미국 공교육 개혁 분야에서 가장 신뢰받는 실천가이자 이론가로 평가받는다. 학교 안에서 '신뢰의 붕괴'를 오늘날 공교육이 직면한 가장 큰 도전으로 인식한다. 이 책의 원제 'In Schools We Trust'에서 나타나듯, 저자는 신뢰할 수 있는 공교육의 조건이 무엇인지 자신의 경험 속에서 제안하고, 탐색하고, 성찰한다.

교사, 어떻게 살아야 하는가

김성천 외 지음 / 값 15,000원

오랫동안 교육 현장에서 교육과 연구를 병행해온 저자 5인이 쓴 '신규 교사를 위한 이 시대의 교사론'. 이 책은 학교 구성원과의 관계 맺기부터 학교 현장에서 맞닥뜨리게 되는 여러 가지 문제들과 극복 방법, 교육 개혁에 어떻게 주체로 설 수 있는지, 어떤 과정을 통해 개인의 성장을 도모해야 하는지 등 신규 교사의 궁금점에 대해 두루 답하고 있다.

리셋, 교육과정 재구성
서울신은초등학교 교육과정 연구회 모임 지음 / 값 16,000원

서울형 혁신학교인 서울신은초등학교 교사들이 1학년부터 6학년까지 모든 학년의 교육과정을 재구성하고 실천한 경험을 모두 담았다. 이 책에 소개된 혁신학교 4년의 경험은 진정한 학습이란 몸과 마음을 통해 경험함으로써, 생각이나 감정을 다른 사람과 주고받음으로써, 과거 경험을 새로운 지식으로 다시 생각함으로써 실현된다는 점을 잘 보여주고 있다.

다섯 빛깔 교육이야기
이상님 지음 / 값 16,000원

충북 혁신학교(행복씨앗학교)인 청주 동화초등학교의 동화 작가 출신 선생님이 아이들과 함께 보낸 한해살이 이야기다. 이오덕 선생의 "아이들의 삶을 가꾸는 교육"을 고민하던 저자가 동화초 아이들을 만나면서 초등학생의 특성에 맞도록 활동 중심의 교육과정을 재구성하는 한편, 표현 위주의 교육을 위한 생활 글쓰기 교육을 실천하면서, 학교 교육을 아이들의 놀이와 생활, 삶과 연결시키고자 노력한 교단 일지를 바탕으로 구성되었다.

만들자, 학교협동조합
박주희 · 주수원 지음 / 값 14,500원

이 책은 학교협동조합이 무엇인지, 어떤 유형의 학교협동조합이 가능한지, 전국적으로 현재 학교협동조합의 추진 상황은 어떠한지 국내외 사례를 통해 소개하고 안내하는 한편, 학교협동조합을 운영하는 원리와 구체적인 교육방법을 상세하게 풀어놓고 있다. 저자들의 실천적 지침들을 따라가다 보면 학교협동조합은 더 이상 상상이 아니라 학교 구성원의 필요와 의지, 실천으로 극복할 수 있는 실현 가능한 미래라는 점을 알게 된다.

땀샘 최진수의 초등 수업 백과
최진수 지음 / 값 21,000원

초등학교에서 20여 년간 아이들을 가르쳐온 저자가 초등학교 수업에 대해서 기록하고 연구하고 실천하며 쌓아온 경험을 바탕으로 초등학생들과 수업을 함께하는 방법을 담고 있다. 아이들의 학습 동기, 아이들이 수업에 참여하는 방법, 칠판과 공책을 사용하는 방법, 모둠 활동, 교과별 수업, 조사와 발표 등 초등학교 교사가 아이들을 가르칠 때 알아야 할 가장 기본적이면서도 가장 중요한 모든 것을 다루고 있다.

혁신 교육 내비게이터 곽노현입니다

곽노현 편저 · 해제 / 값 17,000원

서울시 18대 교육감이자 첫 번째 진보 교육감으로서 혁신 교육을 펼쳤던 곽노현은, 우리 사회 전반을 아우르는 주요 교육 현안들을 이 책에서 포괄적으로 다루고 있다. 2014년 3월부터 1년간 방송된 교육 전문 팟캐스트 '나비 프로젝트' 인터뷰에 출연한 전문가들과 나눈 대화와 그에 대한 성찰적 후기를 담고 있다. 이 책은 그야말로 우리가 '지금 알아야 할 최소한의 교육 이야기'를 포괄하고 있다.

무엇이 학교 혁신을 지속가능하게 하는가

권성호, 김현철, 유병규, 정진헌, 정훈 지음 / 값 14,500원

독일 '괴팅겐 통합학교', 미국 '센트럴파크이스트 중등학교', 한국 혁신학교의 사례들을 통해 성공적인 학교 혁신의 공통점을 찾아내고 그것을 지속가능하도록 만들기 위해서 필요한 것은 무엇인지를 보여준다. 독자들은 이 책에서 괴팅겐 통합학교의 볼프강 교장이 말한 것처럼 "좋은 학교"를 만들기 위한 학교 혁신에 세계적으로 보편적이라고 할 만한 공통점을 찾을 수 있다.

교과를 꽃 피게하는 독서 수업

시흥 혁신교육지구 중등 독서교육 연구회 지음 / 값 16,500원

이 책은 지난 5년 동안 진행된 혁신교육지구 사업의 일환으로 학교에서 고군분투하며 독서교육을 이끌어왔던 독서지도사들이 실천 경험을 엮어낸 것으로 청소년기 학생들에게 장래 진로, 사랑, 우정, 삶의 지혜를 찾는 데 도움을 주는 독서교육을 잘 보여주고 있다. 특히 이 책에 소개된 국어, 수학, 과학, 사회, 도덕, 미술, 역사 등 다양한 교과와 연계한 협력수업은 독서교육의 새로운 전망을 보여주는 결실이다.

혁신학교의 거의 모든 것

김성천, 서용선, 홍섭근 지음 / 값 15,000원

저자들은 이 책에서 혁신학교에 대한 100가지 질문에 답하면서 혁신학교의 역사, 배경, 현황, 평가와 전망을 구체적인 증거를 통해 설명하고 있다. 이 책에 서술된 혁신학교에 관한 100문 100답을 통하여 우리 사회에 필요한 교육은 무엇인지, 교사와 학생들이 더 즐겁게 가르치고 배우면서 성장할 수 있는 교육을 위해 필요한 것이 무엇인지, 그것을 위해서 우리 사회 시민 각자가 자신의 위치에서 무엇을 하면 좋은가를 더 깊이 생각해볼 기회를 얻을 것이다.

교실 속 비주얼씽킹

김해동 / 값 14,500원

이 책은 비주얼씽킹 기본기부터 시작하여 교과별 수업, 생활교육, 학급운영 등에 비주얼씽킹을 응용하는 방법을 설명하고 있다. 특히 교사들이 초등학교 1학년부터 고등학교 3학년까지 국어, 수학, 영어, 과학, 사회 등 모든 교과 수업에 비주얼씽킹을 활용할 수 있도록 수업 지도안을 상세하면서도 간결하게 제시하고 있다. 또한 독자들이 책 내용에 대해 더욱 풍부한 이미지와 자료를 접할 수 있도록 저자의 블로그로 연결되는 QR코드를 담고 있다.

교육과정-수업-평가 어떻게 혁신할 것인가

이형빈 지음 / 값 15,500원

이 책은 교육과정 사회학자 번스타인(Basil Bernstein)이 제시한 '재맥락화(recontextualized)'의 관점에 따라 저자가 장기간에 걸쳐 일반 학교 한 곳과 혁신학교 두 곳의 수업을 현장에서 면밀하게 관찰하고 심층 인터뷰와 설문조사를 통한 연구를 바탕으로 무기력과 불평등을 재생산하는 교실을 민주적이고 평등한 구조로 바꾸기 위해 교육과정-수업-평가를 어떻게 혁신해야 하는지 제안하는 내용을 담고 있다.

혁신학교 효과

한희정 지음 / 값 15,000원

이 책에서 혁신학교 효과를 살펴보기 위해서 저자는 혁신학교가 OECD DeSeCo 프로젝트에 제시된 '핵심 역량'을 가르치고 있는지, 학생·학부모·교사가 서로 배우는 교육 공동체를 이루고 있는지, 학생의 발달을 위한 다양한 교육과정을 운영하고 있는지, 교사의 자율성과 전문성을 강화하고 있는지, 자치적이고 민주적인 학교문화를 가지고 있는지, 지역사회와 협력하고 있는지를 다른 일반 학교와 비교하여 설명한다.

교실 속 생태 환경 이야기

김광철 지음 / 값 15,000원

아이들이 자연과 친해지고 즐길 수 있도록 교육하는 것은 쉬운 일이 아니다. 특히 도시 지역에서는 더욱 어렵다. 그래서 이 책은 도시 지역 학교에서도 쉽게 실천에 옮길 수 있는 다양한 생태·환경교육을 폭넓게 다루고 있다. 이 책에서 저자는 계절에 따라 할 수 있는 20가지 환경교육 프로그램을 제시하고, 그 방법, 순서, 재료 등을 상세히 설명해준다

이제는 깊이 읽기

양효준 지음 / 값 15,000원

교과서에는 수많은 예화와 발췌문이 들어가 있다. 이런 자료들은 교육부가 교육과정에서 요구하는 기준에 맞춰 어떤 이야기, 소설, 수필, 논픽션 등에서 일부만 가져온 토막글이다. 아이들은 교과서에 수록된 작품이나 이야기 전체를 읽지 못한 상태에서 단편적인 지문만 읽고 이해를 해야 하기 때문에 책을 읽으면서 생각하고 공감할 수 있는 기회와 흥미를 찾을 수 없게 된다. 이 책은 이러한 문제를 개선하기 위해서 한 권이라도 책 전체를 꾸준히 읽어가는 방법인 '깊이 읽기'를 대안으로 소개하고 있다.

인성의 기초가 되는 초등 인문학 수업

정철희 지음 / 값 15,500원

이 책은 아이들의 올바른 인성 교육을 위한 새로운 방법으로서 인문학 수업을 제시하고 있다. 이 책에서 설명되고 있는 인문학 수업은 교사가 신화, 문학, 영화, 그림, 역사적 인물의 일대기 등에서 이야기를 찾아 아이들에게 제시하고, 아이들이 그 이야기에 나오는 여러 문제와 인물 등에 대해 자신의 감정을 스스로 공책에 기록하고 일상의 경험과 비교하고 토의와 토론을 통해 자신의 생각을 발전시키는 수업이다.

수업, 놀이로 날개를 달다

박현숙, 이응희 지음 / 값 13,500원

이 책은 교육계에서 최근 가장 중요한 과제로 삼고 있는, OECD의 여덟 가지 핵심 역량(DeSeCo)에 따라 여러 놀이들을 분류해서 설명하고 있다. "놀이에 내재된 긴장의 요소는 사람의 심성, 용기, 지구력, 총명함, 공정함 등을 시험하는 수단이 되므로" 그것은 학생들의 역량을 키우는 수단이 된다. 이 책의 저자들은 수업이 놀이를 만났을 때 어떻게 핵심 역량이 강화되는지 이야기하고 있다.

더불어 읽기

한현미 지음 / 값 13,500원

이 책은 교사들이 학습공동체를 통해 교직의 전문성과 자율성을 새롭게 발견하며 성장하는 이야기를 다룬다. 우리 사회의 기존 교육 제도는 효율성이라는 명분으로 교사들을 통해 아이들에게 경쟁을 강요하면서 교사들 역시 서로 경쟁하도록 만드는 시스템을 가지고 있다. 이 책에서 저자는 이러한 비인격적인 제도와 환경 아래서 교사들이 교사로서 행복을 되찾기 위해서는 교사들끼리 서로 협력하며 같이 배우면서 아이들과 함께 성장할 수 있어야 한다고 말한다.

땀샘 최진수의 초등 글쓰기

최진수 지음 / 값 17,000원

글쓰기가 아이들에게 필요한 중요한 것이 되려면 먼저 솔직하게 써야 한다. 모르는 것은 '모른다', 잘못은 '잘못이다', 싫은 것은 '싫다', 좋은 것은 '좋다'고 솔직하게 드러낼 때 글쓰기는 아이가 성장하는 디딤돌이 될 수 있다. 그리고 이것은 가르치는 교사에게도 적용된다. 지도하는 사람과 지도받는 사람이 따로 있는 것이 아니라 함께 쓰고 함께 나누면서 서로 성장을 돕는 것이다.

성장과 발달을 돕는 초등 평가 혁신

김해경, 손유미, 신은희, 오정희,
이선애, 최혜영, 한희정, 홍순희 지음 / 값 15,500원

이 책은 교육적 대안을 마련하기 위해 혁신학교에서 지난 5~6년 동안 초등학생의 성장과 발달을 돕는 평가를 실천해온, 현장 교사 8명이 자신들의 지혜와 경험을 모아 놓은 최초의 결실을 담고 있다. 독자들은 이 책을 통해 평가는 시험이 아니며 교육과정과 수업의 연장으로서 아이들의 잠재력을 측정하고 적절한 조언을 제공한다는 원래의 목표를 되살리는 첫걸음을 찾을 수 있을 것이다.

수업 친구와 함께하는 수업 나눔 수업 코칭

이규철 지음 / 값 15,500원

가르치는 일을 함으로써 학생들의 배움을 돕는 교사들에게 수업은 시간적으로도 공간적으로도 학교에서 자신이 하는 일의 중심을 이룬다. 그래서 수업에 관한 고민은 교과를 가리지 않고 교사들에게 일반적으로 드러난다. 교사들은 공통의 문제로 씨름하게 된다. 그래서 최근에 그 공통의 문제를 교사들이 함께 풀어나가자는 흐름이 곳곳에서 일어나고 있다. 이 책은 그중에서도 '수업 코칭'이라는 하나의 흐름을 다룬다.

교사들이 함께 성장하는 수업

서동석, 남경운, 박미경, 서은지,
이경은, 전경아, 조윤성 지음 / 값 15,000원

이 책은 아이들의 배움에 중점을 둔 수업을 위해 구성한 교사 학습공동체로서, 서로 다른 여러 교과 교사들이 수업을 디자인하고 연구하는 '수업모임'에 관해 다룬다. 수업모임 교사들은 공동으로 교과 수업을 디자인하고 참관하고, 발견한 내용을 공유하고 평가하는 피드백을 통해 수업을 개선해간다. 그리고 이러한 실천이 쌓여가면서 공개수업을 준비하는 방법과 절차는 더욱 명료해지고, 수업설계는 더욱 정교해진다.

땀샘 최진수의 초등 학급 운영

최진수 지음 / 값 19,000원

이 책의 저자는 학급운영의 출발은 아이들을 '가르치는 대상'에서 '존중받는 존재'로 바라보는 것에서 시작해야 한다고 이야기한다. 또한 아이들과 함께하면서 교사는 성장한다. 이러한 성장은 시간이 흐르고 경력이 쌓인다고 이뤄지는 것이 아니라 여러 가지 어려운 문제를 헤쳐나가며 교사 스스로 자신을 되돌아보고 성찰할 때 비로소 아이들과 함께하는 올바른 학급운영이 이루어진다고 말한다.

당신의 교육과정-수업-평가를 응원합니다

천정은 지음 / 값 14,500원

이 책은 빛고을혁신학교인 신가중학교에서 펼쳐진, 학교교육 혁신 과정과 여전히 완성되지 않은 그 결과를 다루고 있다. 드라마 〈대장금〉에 나오는 '신비'의 메모가 보여준 것과 같이 교육 문제를 여전히 아리송한 것처럼 적고 묻고 적기를 반복하며 다가가는 것이다. 저자인 천정은 선생님은 이 책을 통해 자신의 수업이 앞으로도 교육의 본질에 더 가깝게 계속 혁신되기를 바라고 있다.

독자 여러분의 소중한 원고를 기다립니다

맘에드림 출판사는 독자 여러분의 소중한 원고를 기다리고 있습니다. 원고가 있으신 분은 nurio1@naver.com으로 원고의 간단한 소개와 연락처를 보내주시면 빠른 시간에 검토하여 연락을 드리겠습니다.